U0475978

人 | 文 | 社 | 科

高校学术研究论著丛刊

基于文体学视角的英语翻译研究

张志琴 著

图书在版编目 (CIP) 数据

基于文体学视角的英语翻译研究 / 张志琴著 . -- 北京 : 中国书籍出版社 , 2019.6

ISBN 978-7-5068-7318-5

Ⅰ . ①基… Ⅱ . ①张… Ⅲ . ①英语 - 翻译 - 研究 Ⅳ . ① H315.9

中国版本图书馆 CIP 数据核字（2019）第 107938 号

基于文体学视角的英语翻译研究

张志琴 著

丛书策划 谭 鹏 武 斌
责任编辑 宋 然
责任印制 孙马飞 马 芝
封面设计 东方美迪
出版发行 中国书籍出版社
地 址 北京市丰台区三路居路 97 号 (邮编：100073)
电 话 （010）52257143（总编室）（010）52257140（发行部）
电子邮箱 eo@chinabp.com.cn
经 销 全国新华书店
印 刷 三河市铭浩彩色印装有限公司
开 本 710 毫米 ×1000 毫米 1/16
印 张 11.5
字 数 246 千字
版 次 2021 年 1 月第 1 版 2021 年 1 月第 1 次印刷
书 号 ISBN 978-7-5068-7318-5
定 价 52.00 元

目 录

第一章　文体与文体学概论

社会学家海姆斯(Hymes)曾经说过:学习外语需要具备懂得在什么时候、什么地方、采用什么方式、对什么人讲什么话,什么时候该说什么,什么时候不该说的能力。这句话虽然是针对外语学习来说的,但是我们可以从中了解到一点:语言是在特定的环境下使用的,不同的交际环境、交际方式、交际对象、交际目的,使用的语言不同,这就涉及文体的问题。也就是说,文体与语言使用的方方面面有着密切的关系,对文体展开研究就是文体学的内容。本章首先对文体与文体学的相关知识展开分析和探讨。

第一节　文体与文体学的性质

"文体"在文学批评中被定义为"风格",而文体学主要是一门研究文体的学问。首先,我们从各个层面分析文体与文体学的性质,了解了各自的性质,才能更好地将文体学引入翻译研究。

一、文体的性质

(一)什么是文体

英语中 style 一词源于拉丁词语 stilus。1991 年,《牛津英语词典》(*The Oxford English Dictionary*)中对 style 一词解释如下:

"An instrument made of metal, bone, etc., having one end sharp-pointed for incising letters on a wax tablet, and the other flat and broad for smoothing the tablet and erasing what is written."

从上述定义中不难发现, style 一词的本义是指古人用于在蜡板上写字的骨头或者金属制作而成的笔。随着时代的发展，style 的词义在不断扩展，甚至《牛津英汉词典》曾经在该词下面列出了 26 个义项，但是人们对其与语言应用相关的解释是理解不一的。

有人将 style 的意思理解为"风格"，其不仅可以具体指代一个作家运用语言的特点，还可以用于指代在某一时代得以盛行的文体风格；该词既可以表现一种语篇体裁的特征，还可以将某些作品的表现风格与语言格调呈现出来。

有人将 style 一词解释为"文体"，但是文体既可以从广义上理解，又可以从狭义上理解。从广义上说，文体包含文学文体在内的各种语言变体，而从狭义上说，文体就是指代文学文体。由于 style 一词具有非常丰富的含义，对这一学问的研究被称为"文体学"，但是人们对于"文体学"研究往往众说纷纭。文体学存在的主要问题就是"文体"这一词本身，因为该词没有被人们广泛接受的定义，一个文体学家可能会对"文体"一词持有两种甚至多种不同的看法。

常见的关于"文体"一词的看法主要有以下几种。

1. 表达方式说

利奇与肖特（Leech & Short）将文体视为"语言应用的一种方式，其并不属于一种语言，而是属于一种言语"。①

恩奎斯特等人（Enkvist et al.）认为文体就是"运用有效的方法将恰当的事情呈现出来"。②

此外，一些学者还认为在同一语言中，虽然两种话语表达的信息大体相同，但如果其语言结构存在差异，就被认为是不同的文体。可见，这些都是从表达方式层面上来定义的。

2. 外衣说

持有"外衣说"的学者将文体视为"思想的外衣"。这种看法在 18 世纪的英国非常盛行。

约翰逊（Samuel Johnson）曾经指出，"语言是思想的外衣"。③ 在此基础上，切斯特菲尔德（Philip Dormer Stanhope Chesterfield）明确指出，"文体是思想之外衣。"④

---

① Leech，G. N. & M. H. Short. *Style in Fiction*[M]. London：Longman，1981：28.

② Enkvist et al. Linguistics and Style[M]. Oxford：Oxford University Press，1964：11-12.

③ 转引自秦秀白 . 英语语体和文体要略 [M]. 上海：上海外语教育出版社，2001：2.

④ 同上。

之后，一些文体学家也提出过类似的说法，并指出文体就是富有情感性、表达性的一些语言成分，这些语言成分往往置于对信息所做出的中性表达上。

3. 行为方式说

持有"行为方式说"的学者将文体视为某个人的行为方式。

1753年，法国著名的博物学家乔治斯-路易斯·雷克勒，孔德·德·布丰（Georges-Louis Leclerc de Comte de Buffon）发表了一篇"论文体"的演讲，并在该演讲中提出了"文体即其人本身"这样的论断，并且该论断被后人认可。

理查德·欧曼（Richard Ohmann）认为，"文体的概念应该被用来指代那些部分不可变的、部分又是可变的人类行为"。①很明显，欧曼也将文体视为一种人类行为。其中涉及的"不可变的行为"是指按照某种规则来做事；而"可变行为"是指某个人可以进行自由选择的行为方式。因此，从更深层次上来说，欧曼认为文体就是做某事的一种方式。如果从写作角度上来看，文体就是写作的一种行为方式。

4. 选择说

持有"选择说"的学者认为文体特征主要体现在对不同表达形式的选择上。此观点较为普遍。

G. W. 特纳（G. W. Turner）认为，"对文体的各种理解中，其必然包含一个基本的要素，即'选择'"②。显然，特纳将文体特征视为一种选择，但是选择什么样的文体风格，往往受语境的限制。

很多学者都支持这一观点，在他们看来，无论是在口语还是书面语中，总会存在一种选择倾向，从语言能提供的各种结构中进行选择。而我们之前说的文体风格就是选择的结果。

5. 社会情境制约说

语言的运用与社会情境有着密切的关系。交际的内容、交际双方之间的关系、交际选择的形式等都会对语言的运用、语言成分的选择起重要的制约作用。这就使得语言在运用中必然会产生不同的语言变体，且每一种语言变体都有特殊的文体特征。因此，文体学的一大任务就是对语言在社会情境中的各种变体进行分析和描写。我们熟知的"广告文体""新

① Qto. Freeman，D. C. *Linguistics and Literary Style*[M]. New York：Holt，Rinehart & Winston，Inc.，1970：263.

② Turner，G. W. *Stylistics*[M]. England：Penguin Books Ltd.，1973：21.

闻文体”“文学文体”“科技文体”等都属于语言的功能变体。

6. 语言成分排列说

持有“语言成分排列说”的学者认为文体特征主要体现在“集合特点的综合”以及“超出句子之外的语言单位与语言单位的关系上”。

对此，费尔曼（Freeman）认为，“文体就是篇章结构模式的重复聚合或者出现”[①]。

从语言成分的视角对文体特征进行考察是从布拉格学派开始的。著名学者雅各布逊（Jakobson）在对语言的诗学功能进行分析和讨论时，曾说“语言的诗学功能是将等价选择从选择轴向组合轴投射的过程”。[②]

很多学者同意雅各布逊的这一观点，并从他的观点出发，对语言的成分排列与组合关系进行研究和分析，尤其是其在文学作品上呈现的语言特征问题。

7. 偏离说

持有这一观点的学者认为文体是“对常规现象的一种偏离”，这种对常规的偏离会导致“前景化”的产生。简单来说，就是对语音、词汇、语法、语义、书写形式等常规的偏离，会导致语言产生质的偏离。语言的某种成分出现的频率异乎寻常，则构成量的偏离。如果将整个语言的运用情况视为常规的标准，或者说某一作品中的某一段落或者篇章中可以概括出某些相对的常规，而其他部分或者某些部分与这一常规标准或者相对常规有所违背，那么就被认为是一种偏离。在西方文体研究中，“偏离说”是最为盛行的一门学说。

对文体的概念以及特征的理解，当然不能仅仅靠上述几个简单的定义。产生这些不同定义和说法的原因有很多，往往会与语文学、语言学等密切相关，也会涉及文论界不同学派的问题、文学研究的“一元论”“二元论”“多元论”等问题。因此，就目前来说，很难达成一个一致的意见。

（二）文体的特征

实用文体和文学文体由于写作出发点不同，而表现出不同的文体特征。

实用文体，顾名思义，在言语措辞中注重的是实用性，其文体特征主

① Freeman, D. C. *Linguistics and Literary* Style[M]. New York: Holt, Rinehart & Winston, Inc., 1970: 4.

② Qto. Sebeok, T. A. *Style in Language*[M]. Cambridge, Massachusetts: The M. I. T. Press, 1960: 358.

要表现在以下几个方面。

（1）信息性。实用文体的信息性是其基本特征，指的是文章表述中包含着重要的信息，如阐述事理、发布消息、新闻报道等。

（2）匿名性。实用文体在写作过程中大多根据不同的写作目的带有自身的写作模式，如法律文本、说明书、旅游指南等，这类问题在措辞上带有匿名性，一般不明确作者、译者。这种匿名性在科技文体中体现得更为明显。

（3）劝导性。很多类实用文体是通过劝导性文字来指导受众的，因此带有劝导性的特点。文章表述过程中，或通过援引实例，或通过具体数字来增加文章的信服度与劝导程度。

文学文体和实用文体有很大的差异，其文体特点主要表现在以下几个方面。

（1）形象性。文学文体的形象性是其基本特征，文章通过利用生动的语言手段来塑造个性鲜明的形象，从而达到表达作者情感的意图。这种形象性在散文、小说、诗歌、戏剧中表现得尤为明显。

（2）抒情性。文学文体带有抒情性，通过语言来渲染文章气氛，烘托出作者此刻的心情。抒情性对语言要求十分高，如果作者语言到位，则能塑造与原文写作意图相符合的意境，更加便于读者对文章中心的理解。这种抒情性在对语言要求十分高的诗歌中体现更为明显。

（3）含蓄性与象征性。与实用类文体不同，文学文体的语言还带有含蓄性与象征性。作者在思想情感的表达过程中，惯于通过带有象征性的表达来增加文章的艺术氛围，给读者留下充足的思考空间，最终使作品言有尽而意无穷。

（4）幽默与讽刺。文学文体中还经常使用带有讽刺或者幽默的话语来表达思想。这种表达方式能够增加表达的活力，同时还能起到旁敲侧击的作用，吸引读者的注意力，使读者深度思考文章的中心。

（三）文体的类型

对文体进行分类，不仅仅需要考虑形式，还需要考虑内容。如果将文体视为文章的体裁，那么文体就是文章的表现形式。但是，内容与形式往往密切相关。在写作中，无论是何种体裁，都需要将内容、性质等考虑在内。

另外，在进行文体分类时还需要遵守一定的分类原则，具体而言，主要有如下四点原则。

（1）内容决定体裁。内容决定着形式，而形式是内容的表现。这不仅属于哲学原则,还是一种写作的规律。文章的内容就是文章的体裁。例如,当人们对某一事件进行评论、判断时,就是属于议论文的体裁。

(2)体裁体现表达技巧。同一体裁的文章,在写作形式、表达技巧上存在很多共同规律。例如,小说往往多使用叙述、描写的表达方式,通过艺术对人物形象进行鲜明的塑造,将故事情节完整地编制出来,并对具体的环境进行描绘,也不会受其他时空的限制,往往是对现实生活比较自由的反映。这些在艺术上的规律、写作上的特点正是小说这种体裁的追求。

(3)分类要包举、对等、正确。叶圣陶在《作文论》中曾经说过,"包举是要所分各类能够包含事物的全部分,没有遗漏;对等是要所分各类性质上彼此平等,决不以此涵彼;正确是要所分各类有互排性,决不能彼此含混"。就叶先生的这一观点,很多学者将其视为文体分类的原则。如果文体的类别之间交叉,混淆,那么很明显是不科学的分类。但是,由于文章往往具有复杂性,因此要实现完全包举、对等、正确是很难的,因此只能说文体分类要努力实现这一点。

(4)分类标准要有本质性、统一性、相对性。所谓分类标准的本质性,是指文体的划分标准应该是某一类文体区分其他文体的本质特征,而依照这一标准进行划分应该将该类文体的共同性质体现出来。所谓分类标准的统一性,是指虽然文体的分类往往需要进行多次的划分,但是每一次划分都只能参照一个标准。所谓分类标准的相对性,可以理解为两层含义:一是随着文体的发展和演变,加上文章与科学、实用技术的交叉渗透等,一些边缘文体应运而生,因此文体之间存在交叉是在所难免的;二是人们至今还没有找到能够规避交叉的方法,因此无论是分类本身还是对分类标准的界定,都并不是绝对的,而是相对的。

以上四大原则是一个完整的体系,虽然在文体划分中很难面面俱到,但是必须将这些原则考虑进去,只有这样才能保证分类的合理与科学。根据审视的角度不同,文体有如下几种分类方法。

1. 二分法

二分法是根据文章是否具有文学性来进行划分的,将文体分为实用文体(又称"非文学类")与文学文体(又称"文学类")两大类别。这种分类方法往往是较为科学的,并且被很多学者认可。

2. 三分法

裴显生在《写作学新稿》(1987)中提出了三分法,将文体分为文学类、实用类以及介于二者之间的边缘类。其中,边缘类文体同时具有实用类文体与文学类文体的特征,既可以单独作为一个类别,也可以被认为是前两者的某一种。

3. 四分法

在《浅谈文章的分类》中，龙泽巨以文章在内容、方式以及作用等方面的差别为标准，将文体分为记叙文、应用文、论说文、文学作品。需要注意的是，由于在实践中并非三个标准并用，因此这四种类别常常彼此包涵。在《体裁分类刍议》中，王正春以表现方式为标准，将文体分为说明文、记叙文、议论文、应用文。尽管这种分类有所创新，却没有将文学类文体放在合理的位置。

4. 五分法

在《普通写作学》中，董味甘将文体划分为文学类、说明类、议论类、实用类、新闻类五个类别。这种分类将一切文体包含在内，对于教学与研究来说具有积极的作用。但是，由于其标准并不统一，明确，因此其中不乏交叉现象。

二、文体学的性质

（一）什么是文体学

至今，文体学已经有百年的历史了。从20世纪60年代到80年代起，学术界对文体学的定义、内涵、研究范围的说法众多。许多学者从不同研究领域、文体学流派对文体学下了定义。对于文体学的沿革与流派，会在下一节做重点论述。

虽然文体学的研究存在各种流派，但是它们从不同的视角对语言使用规律进行了解释，且国内很多学者都认可一个观点：文体学是对语言使用规律进行研究。

（二）文体学的研究对象与范围

如前所述，国内外很多学者对文体学进行了研究，且流派众多，但是就研究对象而言，有广义与狭义之分。

从广义层面来说，文体学主要是对各类文体的语音、句法、词汇、篇章特征进行研究，这些文体包含记叙文、说明文、描写文、议论文等。

从狭义层面来说，文体学主要是对文学文体的语言特点与语言风格进行研究，如诗歌、小说、散文等。

除此之外，文体学还对语言的各种变体进行研究。例如，由于交际媒介不同，可以划分为口语与书面语；由于交际双方关系不同，可以划分为正式用语与非正式用语；由于社会关系与社会活动不同，可以划分为演讲英语、新闻英语、广告英语、科技英语等。本书就是从这些文体视角来进行翻译研究的。

（三）文体学的性质分析

虽然文体学的研究涉及广义、狭义等层面，但是文体学的任务并不是对若干文体的罗列，而是对若干种文体语言特点的描述与观察，即它们各自的语音、词汇、句法、篇章等的特点，目的在于能够更好地了解各自所要表达的内容以及适用的场合。

在语言的运用层面，文体学特别强调的是：必须适应特定场合的需要。这里所谓的场合主要指的是社会场合。简单来说，对孩子就说孩子话，在庄严的集会上就需要用庄严语，发出某些通知则要符合一定的格式等。这些都是对场合的要求。

对一种语言的各类文体展开研究，有助于人们了解语言的各项功能。语言所传达的信息作用各异，或者是为了对一个事件进行说明，或者是为了表达某种情感，或者是让对方发出某个动作等。

从上述分析可知，文体学的研究非常有用，是一门正在成长的学科，不是一个关闭的体系，而是开放的，是不断发展的。随着社会的发展，文体学的研究领域在不断扩大，其影响在翻译理论中有着重要的关联。这也是本书的重点。

第二节　文体学的沿革与流派

文体学从诞生之日起到现在已经有一百年的历史了，随着历史的发展，文体学的研究也呈现了多层次性。本节分别来论述文体学的沿革与主要流派。

一、文体学的沿革

(一)早期的修辞学

欧美的文体研究可以追溯到古希腊、古罗马时期的修辞研究。古希腊著名哲学家亚里士多德就意识到了修辞的存在,并写出了《修辞学》(*A Theory of Civic Discourse*,2006)一书。

亚里士多德指出:"仅仅知道我们应该说什么是不够的,还需要掌握恰当的方式来表达,这会大大提升演说的效果。"[①] 他进一步指出,要想打动听众,需要掌握三点:内容、文辞、演说技巧。可见,在当时来说,修辞与演说有着密切的关系。

古希腊著名政治活动家西塞罗(Cicero)以希腊演说艺术作为典范,融合了雅典派与小亚细亚派的优点,形成了自身的风格,也写出了很多优秀的演说词,被称为"罗马演说之父"或"拉丁文学之父"。在西塞罗看来,演说家必须要掌握文学、哲学、法律等各个层面的知识,并将演说风格划分为三类:朴素演说、中间演说、华丽演说。

公元1世纪的古希腊作家朗基努斯(Longinus)在《论崇高》("On the Sublime")一文中阐述了美学原则,在朗基努斯看来,如果要想言辞动人,除了需要具备崇高的思想,炽热的情感,还需要具备三个条件:修辞、用字、组织。简单来说,他认为文章形式属于文章内容。他的观点对之后的西方文学批评产生了重要影响。

进入中世纪,修辞学与诗歌创作相结合,很多修辞原则在诗歌的写作中都体现出来。近代的修辞学大多具有规定性,讲述各种文章的写法,近些年对这种规定性的修辞学批评居多,因此影响也变得越来越小。

(二)英美文学批评与文体学的关联

在英美国家20世纪之前的文学评论更倾向于个人印象,或更加注重作者的身世、时代背景、作家在文学史上的位置、作品在文学史上的地位等,对于作品本身展开细致分析的很少。还有一种倾向就是对古英语、经典著作、中古英语文学展开研究,而忽视对现代文学作品的研究,直到第一次世界大战前后,研究者才打破这一局面,即对现代文学作品的研究才

① 王佐良,丁往道.英语文体学引论[M].北京:外语教学与研究出版社,2011:500.

真正被介绍到大学课程中，人们对于传统的文学教学方法提出了质疑。

著名评论家理查兹（Richards）、黎维斯（Leavis）等都对现代文学教学与文学批评做出了自己的贡献。理查兹（1929）所著的《实用批评》（*Practical Criticism*），通过具体的案例来解析他对分析批评方法的运用。理查兹力图将文学理论规范化、科学化，并认为文学批评必须建立在作品文字本身之上。

理查兹等学者的观点在20世纪30年代逐渐广为熟知，人们也更加注意作品的文字。在美国，“新批评派”产生，代表人物有布鲁克斯（Brooks）、兰萨姆（Ransom）等，在评论中，他们将作品本身的分析置于中心。“新批评派”的研究一直持续到20世纪50年代，之后新的学派产生。

与传统的文学评论相比，理查兹、兰萨姆等学者的眼光集中于作品本身，而不是作品之外，但是从评论方法上说，仍旧采用了旧有的方式。

（三）欧洲大陆的文体研究

欧洲大陆的文体研究与之前的研究不同，主要受现代语言学发展的影响。在这一层面，瑞士语言学家索绪尔做出了重要贡献。

索绪尔区分了历时语言学与共时语言学。共时语言学研究被作为独立系统存在的、目前正在使用的、活的语言。在索绪尔看来，共时语言学的研究比研究只存在于历史上的语言现象更为重要，前者可以使语言学活起来。另外，索绪尔将语言与言语进行了区分，语言是社会共有的符号系统，而言语是人们基于不同情况，对这一符号系统展开具体的运用。有的文体学家从语言的角度研究文体，更多的人则是从言语的角度进行研究。在一定意义上，我们可以说文体学就是对于言语进行研究的一门学科。

在欧洲大陆，文体研究可以划分为如下四支。

（1）以索绪尔的学生巴依（Bally）为代表的日内瓦学派。

（2）俄国的形式主义与布拉格学派。

（3）法国的结构主义。

（4）心理文体学派。

相比之下，第四支与前面三支特点不同，会在主要流派中做重点论述。

总体而言，欧洲大陆的文体研究在21世纪初期较为活跃，且集合了多种学者的观点，无论从广度还是从深度来说，都超越了英美的研究，另外在作家语言研究层面、理论建树层面也表现了突出的特点。

（四）文体研究的发展

近几十年来，文体学取得了长足的发展，召开了很多有关文体学研究的会议，也诞生了很多的文体学专著。随着语言学的发展，一些新的文体学流派也逐渐诞生，这无疑扩大了文体学研究的范畴。

概括来说，近些年的文体研究呈现出三大特点。

1. 语言分析方法更为精密

语言分析方法更为精密，使得文体分析也更加精细化、准确化。芬兰著名的文体学家恩奎斯特（Enkvist，1964）在他的《论文体的定义》一文中提出了较为全面的文体分析方法，不仅涉及语音、词形、词汇、句法、标点等内容，还涉及文章的组织以及文章外的各项因素等内容。

利奇所著的《英诗语言分析指南》（*A Linguistic Guide to English Poetry*）、克里斯特尔与戴维（Crystal & Davy）合著的《英语文体调查》（*Investigating English Style*）提出了更为细致的文体分析方法。这些方法在诗歌分析中都得到了详尽的运用。

2. 研究范畴逐渐扩大

从文学到其他体裁的发展，从对书面文字的研究到对口语会话的研究，体现了文体范围在逐渐扩大。例如，英美专著里有利奇所著的《广告英语：英国广告语言学研究》（*English in Advertising: A Linguistics Study of Advertising in Great Britain*），苏联出版了很多论述功能语体的专著，如《报纸上的俄语》《社论语言和文体》《科技著作的语言》等。

3. 新的概念层出不穷

由于社会语言学的兴起，文体学研究中出现了很多新的概念。例如，“语域”在文体学研究中被广泛运用，数理统计法在统计文体学中得到了广泛运用。美国也成立了专门从事文体学研究的部门。转换生成语法、语篇分析理论等也为文体学研究注入了新的活力。

二、文体学研究的主要流派

（一）心理文体学流派

德国著名学者斯皮泽等人具有广博的学识，他们受克罗齐美学的影响，主张通过文体研究来解释一个民族的心理与精神。他们采用这样一个方法：凭借直觉，从一个作家/一个作品的语言特点出发，寻求共同的心理因素，目的在于将文体学与艺术史、文学史等结合起来。

在斯皮泽看来，文体分析首先依靠本能的反应，对作品多次的阅读，可能对这一反应进行触发，当有了这一反应之后，再对这一作品语言进行分析，从而证实自身的观点。

有人认为斯皮泽的方法具有普遍价值，有人认为这一方法仅对某些有突出特点的作家与作品有帮助，还有人认为这一方法具有较大的随意性，缺乏科学依据。

虽然人们对斯皮泽的方法观点不一，但是我们不得不承认，斯皮泽对于文体研究做出了重大的贡献。

（二）日内瓦学派

人们认为，巴依的《法语文体论》（*Traité de Stylistique Francaise*）是现代文体研究的代表作。他侧重于研究整个语言的效果与表现手段，探究如何将抽象的语言转变成具有各种情感色彩的活语言。巴依将文学语言的研究排除，他认为无论是诗人还是作家，使用的语言与一般人使用的语言明显不同，他们使用的语言具有自觉性，穿插了美学的目标，即企图用语言来创造美，如同音乐家使用声音、画家使用颜色一样。

之后，巴依的追随者马鲁苏（Marouseau）等人对他的这一观点进行了修正，不再将文学语言排除在外。

（三）法国结构主义学派

结构主义源自哲学家康德（Immanuel Kant）。结构主义者认为人的思想很大一部分产生于人的思想结构，而不是人的经验的反映。这一观点在语言学、人类学等的研究中都有反映，但是具体的表现形式各异。

霍克斯（Terence Hawkes）对于“结构主义”的概念做了如下概括：“世界是由事物之间的关系构成的，而不是单个的事物，这一新的概念被认为是结构主义的思想方法的首要准则。简单来说，结构主义认为在特定环境中，每一个要素的性质本身并不具有意义，其性质取决于该要素与特定环境中的其他要素的关系。也就是说，任何实体与经验的全部意义只有在它与其属于的结构结合起来时才能被观察到。”[①]

法国结构主义文体学家的代表人物是罗兰·巴特（Roland Barthes），

① 王佐良，丁往道．英语文体学引论[M]．北京：外语教学与研究出版社，2011：505.

他认为写作全部都是风格，如果不存在风格，那么就不可能完成写作。巴特将内容作为形式，这一观点引起了争议，人们认为文学作品必然存在主题，不能认为作品没有内容只有形式。

（四）英国文体学研究学派

英国的文体学研究受语言学家弗斯（Firth）的影响，他们认为文体研究应该将社会因素纳入进去。这时，"语域"的概念被引进来，使得文体研究更具有精密性。

文体学家也对文体的构成要素进行了细致探讨，认为讲话内容、讲话方式、讲话人与听话人的地位关系是需要引起注意的。

语言学家韩礼德不仅对文体学理论做出了贡献，在实际文体分析中也提供了经典范例。

（五）俄国形式主义与布拉格学派

1915 年，雅各布逊在莫斯科大学成立了"莫斯科语言学小组"。

1916 年，谢克洛夫斯基（Viktor Shklovsky）等为代表的学者成立了"诗歌语言研究会"。

他们从不同角度对文学语言、文学形式等展开了分析，反对他们的人将他们称为"形式主义者"，他们在俄国的活动始于十月革命前夕，直到 21 世纪 20 年代末期。

1920 年，雅各布逊移居捷克，他与俄国的语言学家特鲁别茨科伊（Nikolai Trubetzkoy）对音位学问题展开研究，并于 1923 年将音位学原理运用于诗歌语言研究之中。

之后，雅各布逊与谢克洛夫斯基两位学者认为，通常人们对语言的运用是不自觉的，一切都可以如常进行，也不会引起他人的注意。但是，文学的目的在于对这一过程加以改变，使人们对于熟悉的一切感受到不熟悉，从而获取对事物的新观点与新看法。

雅各布逊还认为，诗歌是人们常用语言的有组织的暴力行为，这样组织的目的在于获得神奇的效果。谢克洛夫斯基认为，这一原则同样对小说适用。他指出，应该将"故事"与"情节"区分开来，前者只是艺术家的原料，是对事物原委的说明；后者是艺术家为了取得神奇的效果而对事物进行的特殊安排。

两位学者甚至还指出，文学语言本身就是文学的主题，这与之前结构主义的观点不谋而合。他们对于文学语言，尤其是诗歌语言中存在的变异现象进行了研究和分析，对文体研究提出了理论层面的阐释，这都是对文体研究的重要贡献。但需要指出的是，他们过分强调文学语言的特征，未将内容置于关键地位，这也是很多文学批评家、文体学家批评的关键点所在。

第三节　语言各要素的文体作用

文体分析是在语音、词汇、句法、语篇等各个层面展开的，重点在于对有文体意义与美学价值的语言特征展开分析，通过分析那些“前景化”的语言，挖掘作者的语用意图，获取最佳的语用学效果，实现真正的鉴赏目的。基于此，本节就对语言的各个要素的文体作用展开分析与探讨。

一、语音层面的文体作用

语音是语言的物质外壳，是语言的基础，我们要想传达信息、表达思想，都需要借助语音。语音包含元音、辅音、音色、音素、音调、语调、节奏、头韵、尾韵等多个内容。而这些内容都会对语篇造成一定的影响，如音位的排列、语调的变化、语素的快慢、语气的轻重等，用不同的形式可以传达不同的情感意义，同时又在特定语境中取得与语言目的、思想内容相符的文体效果。下面就来分析和探讨语音层面的文体作用。

（一）语音特征

1. 什么是语音特征

每一种语言形式都有自己特有的发音特征。从音位的角度来分析，有的发音特征能够将音位区分开来，有的则不能。音位是语言中能够把两个词区别开来的最小语音单位。之所以称之为最小，就是说它不能再次被切分。例如，pet（宠物）和 pit（坑），能够区分二者的语音就是 /e/ 和 /i/，在这里 /e/ 和 /i/ 就是将两个词进行区分的音位，是不可以再切分的了。因此，这种能够将音位的发音特征区分开来的性质就是语音特征，其往往具备以下两种基本的性质。

（1）语音特征区别于发音特征。发音特征是指某种语音形式与其他语音形式的声学性质或者生理性质相互区别的特征。一般情况下，发音特征的描写形式往往有两种，一是采用发音器官的活动方式，二是采用音响的声学形式。例如,对于 /p/ 的发音特征可以这样描述:清(辅音)、双唇(音)、塞(音)、不送气。其中清音和浊音相区别,塞音和擦音相区别,送气和不送气相区别。但是需要注意的一点是,发音特征与语音特征并不是完全对等的,也就是说并不是所有的发音特征都能区别音位。

(2)属于一定的语言系统。从某种程度上来说,音位总是包含在语言或者方言系统的范畴之内。因此,语音特征也总是在一定的语言或者方言系统内。例如,英语的音位 /p/ 则有"双唇""清音""塞音"三个区别性语音特征,没有"不送气"这种区别性语音特征,这是因为在英语中"清"与"浊"能够对音位进行区分,"送气"与"不送气"不能将音位区分开来。

2. 语音特征的描写

在语言系统中,对语音特征进行描写就是要揭示出各音位之间的不同特征。常常采用二分法揭示音位之间的对立情况,因此语音特征又可以称为"二分特征"。二分特征可以区分出两种情况:一种是具有该特征的;另一种是不具有该特征的。二分特征有两个值,分别记为"+"和"—",这样带声阻塞音记为[+带声],不带声阻塞音记为[−带声]。

需要注意的是,发音部位的特征并不能被称为"二分特征",这是因为发音部位的特征具有的值和二分特征不同,前者具有四个值:[部位:唇][部位:舌冠][部位:舌背][部位:舌根],可以将这四个值简写为[唇]p,[舌冠]p,[舌背]p,[舌根]p。

除此之外,在语音特征描写中,还存在一些比较重要的、具有区别性质的特征,如[响音][辅音]等。

(二)语音的文体特征

语音层面的文体特征在文学中体现得尤为明显,这是因为文学语言如小说,对于人物的内心描写非常看重,往往需要通过对话、独白等呈现出来,诗歌则更加注重韵律形式美。以下选取几种有代表性的语音层面的文体特征来论述。

1. 头韵

在所有语音的文体特征中,头韵是非常重要的修辞手段之一。所谓头韵,是指一组词的首音相同,主要有三种形式:词首元音的重复;词首辅音的重复;词首辅音连缀的重复。其可以用于广告语、诗歌、新闻标题、演讲、书名等不同文体中。例如:

Sense and Sensibility《理智与情感》(书名)

Simple and Simplicity 方便又简约（剃须刀广告）

Dying with Dignity 有尊严地死（*Time* 新闻标题）

2. 重音与元音

语音是语言的基础，也是对文体进行研究的一项重要内容。语音的文体特征能够帮助人们合理运用各种语音表现手段，挖掘出语言的内在信息与内在美。其中，重音与元音的运用可以使句子显得更具有文学韵味，也更令人信服。例如：

Fourscore and seven years ago, our **fathers** brought forth upon this continent a new nation, conceived in liberty, and **dedicated to the proposition** that all men are created equal.

这段话来自林肯的《葛底斯堡演说》，其中加黑的部分显得更有文学风味，句子的重音与元音的运用使得整个句子更庄重。

3. 略音与语调

口语中的略音多出现在非正式的谈话之中，用文字表达出来就是缩写的运用，如 I've, I don't, I haven't 等。这些缩写形式可以使读者把握文体风格，在翻译时选择恰当的语言表达方式。

英语有五种语调：降调、升调、降升调、升降调和平调。语调不同，表达的语气与意义也必然不同。例如，反问句除了可以表达非正式的谈话，还可以表达人物的质问、讽刺或征询对方意见的效果。

4. 节奏

利用语音的辨义与表意功能，巧妙地调配和运用语音的各种形式来传递语用信息或刻画人物，可以使得语言更加真切，表达也更具有形象性。例如：

I see advancing upon all this, /in hideous onslaught, /the Nazi war machine, /with its clanking, /heel-clinking, /dandified Prussian officers, /its crafty expert agents, /fresh from the cowing and tying down of a dozen countries. /I see also the dull, /drilled, /docile, /brutish masses of the soldiery...

这段话源自丘吉尔的关于希特勒入侵苏联的演说，其中运用了停顿、拟声以及重读音节和非重读音节的交替，使得整段话更具有节奏感，也富有韵律美，能有效激发人们的强烈斗志。

二、词汇层面的文体作用

词汇与文体有着密切的关系，词汇选择的准确性会直接影响语言表达的效果。选择就是意义，而形式体现意义。那么，如何才能正确地选择词汇呢？这可以从文体与选词的角度来考察，将语篇中的选词与文体的多种要素相结合。

就英语整体类别来说，除了共核语言与专业术语区分外，词汇还可以划分为标准语与非标准语，正式语与非正式语，书面语与口语，高雅语、中性语与粗俗语，区域语与方言等。文体不同，语类不同，所采用的词汇也不同。例如，在外交文书、法律文书上，一般要使用正式语。

就词汇个体而言，文体中的词汇分析并不是一查字典就可以解决，还需要从不同的文体特点出发，并考虑词汇出现的语境以及词汇的情感内涵等，才能准确地选择与理解词汇。

要想对文体中的词汇有透彻的了解，不仅需要掌握语言的基础知识，还需要了解词义，它们的演变过程以及与文化、历史背景等的关系，这对于分析作品的深层意义大有裨益。

（一）词汇特征

阿克马吉安等（Akmajian et al.，2001）总结了词的多种特征。①

1. 形式特征

每一个词都会有两种形式：读音形式和书写形式。

词的读音分为两种：原型音（prototype，即标准音）与变体音（variation）。在特定语境中，词的读音形式会发生变化。例如，have 一词可以有 /hæv/，/həv/，/əv/，/v/ 四种读音形式。sit/sit/ 和 down/daun/ 组合则为 sit down /si（t）daun/。

词不仅仅在发音形式上存在变化，一些词的拼写也可能发生改变。例如：

urbanize—urbanise

colour—color

① Akmajian，A.，Demers，R. A. & Harnish，R. M. *Linguistics—An Introduction to Language and Communication*[M]. Cambridge，Mass.：MIT Press，2001：12-13.

2. 形态特征

每一个词都包含自己独特的结构。虽然就形式来说,每一个词都是由字母构成的,但是从整体而言,一些词可以被切分成更小的单位,有些词则不能。例如,color 就不能被分解成更小的意义单位,但是 colors 可以分解成 color 与 -s。instructor 也可以分成 instruct 与 -or 两部分。这就是词的屈折变化是式与派生变化形式,也就是词的形态特征。词的屈折变化是给词添加一些特定的后缀,使词可以表示“时间、人称、数”或“更加、比较”等概念。词的派生变化则是给词添加一些特定的前缀或者后缀,生成具有“人、事物、行为、状态”等概念的词。派生变化还会改变一些词的语法属性。

3. 语义特征

每一个词意义都是丰富多样的。词的意义不仅可以指代事件、人物等现实的东西,还能够指代一些抽象的东西。同时,对事件、人物的指代可能是独立个体,也可能是群体。词的语义特征在语义关系上体现得较为明显。例如:

(1)同义关系,指两个词之间有着相同或者相近的意义,往往可以用一个词替代或者解释另一个词。

(2)反义关系,指两个词的意义完全相反或几乎完全相反。

(3)包含关系,有两种类型,一种类型是语义特征包含关系,即一个词含有另一个词所表达的语义特征,如 sister 一词含有 female 的语义特征,kill 含有 dead 的语义特征。第二种类型是语义场(semantic field)或词场(lexical field)关系。语义场或词场指在语义上有重叠的一组词。例如,亲属词场:包括 father, mother, brother, sister, cousin, nephew 等一类的词汇。

4. 语用特征

词的使用受诸多因素的影响,如社会、交际对象、时间、地域、场合、情景、功能、文体等。有些词只适用于一定的场合或对象。例如,decease 用于正式场合,而 kick the bucket 用于非正式场合。

词的使用还具有频率特征。有些词的使用频率较高,有些词的使用频率中等,有的词则属于低频词甚至罕见词(rare word)。以 book, manual, directory, thesaurus 这四个词为例,book 属于高频词,manual 与 directory 属于中频词,thesaurus 则属于低频词。

词的另一个语用特征是共现性。一般情况下,词都是与其他词一起使用的,很少单独使用。在大量的语言使用中,不少词之间形成了一定的共现关系。有些词之间有很高的共现率,而且形成了相对固定的共现关系,构成多字词语。

5. 规则特征

词作为语言的基本单位,其使用也是受规则支配的。词在各个层面上都会受规则的制约,如读音规则,拼写规则,形态变化受屈折变化规则与派生变化规则的支配,语义变化受语义变化规则的支配。词在句中的位置受句法规则的支配,词的运用受语用规则的支配。

(二)词汇的文体特征

人们运用语言来表达思想,总会选择恰当的词汇。对于同一个意思,可以用不同的词汇来表达,而同一个词语又可以在不同的语境中有不同的含义。根据词汇的文体特征,可以将词汇划分为如下几种。

1. 正式与非正式语体

英语词汇主要有三大来源,一是源于本民族词语——盎格鲁-撒克逊词语;二是源于法语;三是源于拉丁语。一般来说,本族语词汇朴素亲切,口语化色彩浓重,常用于非正式文体;法语词汇较为文雅、庄严;拉丁语词汇往往书卷气息浓重,多用于正式文体,如下表所示。

英语词汇三大来源的正式程度比较示例

本族语词汇	法语词汇	拉丁语词汇
ask	question	interrogate
fear	terror	trepidation
fire	flame	conflagration
time	age	epoch
kid	child	offspring
holy	sacred	consecrated

(资料来源:李佳,2011)

在口语与书面语交际中,应该考虑场合与交际目的,选择恰当的词汇,并且了解英语区域变体的词汇差异,这样才能使交际顺利开展。

2. 口语与书面语体

就日常对话来说,往往使用口语体色彩的词汇、俚语、时髦词汇等。例如:

Jane is a **sweet little thing.**(口语体色彩词汇)

They have been **pals** for years.（时髦词）

另外，口语体还常用缩略词（如 lad，ad 等）以及习语（如 sunny-side up，play by ear 等）。

但是，在新闻、法律、信函等文体中，就必然需要用书面词汇，这在后面章节会做重点论述，这里就不再多加赘述。

三、句法层面的文体作用

作为表达一个完整思想的语言单位，句子的形式是受表达内容与交际需要影响和制约的。另外，句子中还蕴含着作者的情感、态度等主观因素。因此，我们不能仅考虑句子的语法分析与表象研究，而应该从上下文考量，对文章的句式进行文体分析，探求句式是如何组合的、词汇是如何排列的，以此来透析句子的深层内涵。

下面归纳现实生活中比较常见的几种句法层面的文体特征。

（一）句式结构

从结构上可将句子分为简单句与非简单句，如图 1–1 所示。

从长度上来说，句子可以分为长句与短句。

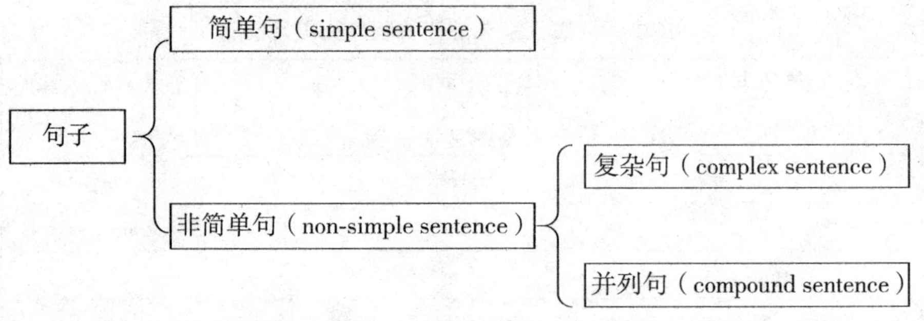

图 1–1　句子结构分类图

（资料来源：李佳，2011）

1. 短句

短句容易组织与表达，且简单明快，干净利落。采用短句，可以迅速集中读者的注意力，收到非常好的效果。例如：

Yesterday, the Japanese government also launched an attack against Malaya.

Last night, Japanese forces attacked Guam.

Last night Japanese forces attacked the Philippine Islands.

And this morning, the Japanese attacked Midway Island.

这段话来自罗斯福总统要求国会对日宣战的国情咨文,在这一段话中,句子铿锵有力,表达了强烈的情感。如果将这些短句连接起来,组成一个长句,那么就会显得软弱无力,也表达不出强烈的情感。

2. 长句

与短句相比,长句就显得复杂,且包含大的容量、具体的叙事、严密的说理,在形式上也体现得更为严肃与庄重。一般来说,长句常在正式的书面体中出现,多用于描写文、说明文、议论文等中。例如:

Scientists issued reports on the severe climate changes that could result from the "greenhouse effect" —the gradual warming of the atmosphere caused by an increase in carbon dioxide levels from the burning of fossil fuels, saying that average global temperatures could start to rise within a few decades and reach levels nine degrees Fahrenheit higher than today's temperatures by the end of the next century.

上述这句话中包含 65 个单词,是一个明显的长句,且是一个主从复合句,其中运用了非谓语动词。这是一篇科技文章中的段落,要求对事物之间的错综复杂关系阐述清楚,需要用复杂的语法关系对复杂的思维进行表达。同时,非谓语动词的运用不仅信息量大,且具有严密性。此外,为了表达的规范性与客观性,这个句子中使用了过去分词表达被动语态,整体上显得更为凝重、平稳。

(二)句子语义核心位置

句子成分中主、谓、宾、定、状、补等成分的不同排列,可以产生不同的语义效果与文体效果。下面从文体效果分析书面表达中的一些句式使用情况。

1. 松散句

松散句(loose sentence),与通常说的"结构松散"是两回事,在一个松散句中,是将句子的语义重心置于句首,然后对其细节进行解释与充实。简单来说,松散句的特点可以归结为:轻松、自然、流畅、易懂。例如:

We face the arduous days that lie before us in the warm courage of national unity; with a clear consciousness of seeking old and precious moral values; with the clean satisfaction that comes from the stern performance of duty by old and young alike. We aim at the assurance of a rounded, a permanent national life.

这段话来自罗斯福的就职演说——《我们唯一不得不害怕的就是害怕本身》。在句子开头，罗斯福就点明了美国人民需要面临的艰难时刻，接着提出自己能够帮助他们度过困难，传达的是一种决心和意志。这一句式很自然地将开头的艰难转向以后的幸福生活，同时宣扬自己的信念与自信，有助于鼓舞士气。

2. 掉尾句

通常句子的末尾是最为强调的位置，句末所讲的一般都是较为关键的内容，也是留给读者印象最为深刻的地方。凡是将重要的意思留在句末的，在修辞上被称为“掉尾句”（periodic sentence），也叫“圆周句”。运用掉尾句目的在于吸引读者注意力，句子未完，读者就不能获得完整的概念。一般来说，掉尾句会一层层扩展，一层层上升，直到句末形成一种悬念与高潮。例如：

If we wish to be free—if we mean to preserve inviolate those inestimable privileges for which we have been so long contending—if we mean not basely to abandon the noble struggle in which we have been so long engaged, and which we have pledged ourselves never to abandon until the glorious object of our contest shall be obtained—we must fight! I repeat, sir, we must fight.

这段话源自丘吉尔的演说词——《不自由，毋宁死》，也是英语演讲中使用的一个极好的例子。显然，句子的中心意思在最后一句出现，即“我们必须战斗”。三个 if 引导的条件状语从句使句子最后的结论在逻辑上更为合理。因此，这一句式使得整句话的影响力与说服力大大增强，使人们能够意识到战斗的意义与必要性。

3. 倒装句

英语中的倒装句可以分为两种：绝对倒装句、修辞倒装句。前者包含感叹句、疑问句、陈述句以及某些表示祝愿的句子等；后者是有意违反自然语序而产生的某种修辞效果。

根据写作的需要，一般修辞性倒装在书面表达中非常常见，主要是为了起衔接与强调的作用。例如：

Only when class began did he realize that he had left his book at home.

句中时间状语提前，主句倒装，目的是起强调作用。

四、语篇层面的文体作用

一般来说，语篇就是一系列连续的话段或句子构成的语言整体。从形式上来看，它既可以是小说、诗歌，也可以是文字标志（如交通标志）；既可以是众人交谈（multiperson interchange），也可以是对话（dialogue）或独白；既可以是文章，也可以是讲话。从篇幅上来看，它既可以洋洋万言以上，也可以只包含一两个句子。可见，无论是一部文稿、一份科研报告、一封书信、一张便条，还是一次记者招待会的问答、一场论文答辩、一次谈话、一句问候，都可以构成语篇。

无论语篇采取哪种形式，都必须确保语义的连贯。具体来说，这种连贯既指语篇内部在语言上的连贯，也包括与外界在语义上和语用上（semantically and pragmatically）的连贯。此外，语篇还必须合乎语法。

除连贯与合乎语法之外，语篇内的句子之间应保持一定的逻辑联系，从而使语篇拥有逻辑结构或论题结构。正是在这一结构的基础上，语篇中的句子、话段才能组织在一起。虽然语篇的形式多种多样，但是这种排列的结构不仅展示了体裁与内容各个部分的关联性，还呈现了作者的内心感受、思维方式、个性特征，其形式的呈现与功能的表达相互照应。

语篇并不是句子的简单堆砌，构成语篇的句子需要具有意义，且在结构上相互关联。结构上相互关联需要采用一定的方式与手段，这一手段就是我们下面要说的衔接手段。在对语篇结构进行分析时，除了考虑语篇衔接外，还需要考虑语篇结构发展（即结构展开）以及语篇文体模式等，这样才能加深对语篇话语体系与文本结构层面的隐含意义的理解与把握。下面就对这几个层面展开分析与探讨。

（一）语篇衔接

1962年，英国著名语言学家韩礼德提出了“衔接”一词，并在他所著的《英语中的衔接》一书中给“衔接”下了定义，即衔接是构筑语篇的一种非结构性关系。同时，韩礼德认为语篇是一个语义单位。

所谓衔接，是指语篇中的不同成分之间在意义上呈现相关性的现象。这种相关的表现形式可以是不同的，可能存在于两个毗邻句子间，也可能存在于同一句子内部或同一成分间，还有可能是存在于距离较远的两个句子或者成分间。

概括来说，语篇的衔接手段有两种类型：词汇衔接和语法衔接。其中，词汇衔接包括同义词、上下义词、词汇重述、搭配等；语法衔接包括替代、省略、照应、连接。下面主要分析语法衔接。

1. 替代

所谓替代，即将上文中所提到的内容使用其他形式进行代替，这是语篇衔接过程中经常采用的一种手段。在英语段落中，人们经常使用词汇来传达两个句子之间所形成的呼应关系。在英语语言中，替代的形式有很多种，常见的包括如下三种。

（1）名词性替代。

（2）动词性替代。

（3）分句性替代。

2. 省略

所谓省略，就是将句子、段落、文章中某些可有可无的成分省略不提。在英语语篇中，人们经常通过省略实现语言凝练、简洁的目的。英语语法的结构是十分严谨的，因而无论从形态上还是从形式上而言，使用省略这一方式不会引起歧义现象，因而英语语言中使用省略的情况是很多的。

与替代一样，英语中的省略也可以分为名词性省略（nominal ellipsis）、动词性省略（verbal ellipsis）和分句性省略（clausal ellipsis）。

3. 照应

当无法对语篇中的某一个语言单位做出语义解释时，可以参照另一些单位明确其意义，这些单位之间就形成了一种照应形式，照应可以把句子有机地连接起来。照应表达的是一种语义关系。例如：

Readers look for the topics of sentences to tell them what a whole passage is "about". If they feel that its sequence of topics focuses on a limited set of related topics, they will feel they are moving through that passage from cumulatively coherent point of view.

本例中，they 与 readers 构成照应关系。

4. 连接

在语篇中，通过使用连接词、副词、词组等来实现语篇衔接的手段即为连接。连接不仅有利于读者通过上下文来预测语义，还可以使读者更快速、更准确地理解句子之间的语义联系。

韩礼德将英语的连接词语按其功能分为以下四种类型。

（1）转折（adversative），如 conversely，however，but，on the other hand 等。

（2）添加、递进（additive），如 what is more，and，furthermore，in addition 等。

（3）时序（temporal），如 next，first，then，formerly，in the end，finally 等。

（4）因果（causal），如 since，because，for，as，consequently，for this reason 等。

下面以一段话为例说明衔接手段的运用与语篇的关系。

After a few puffs, the level of nicotine in the blood skyrockets, the heart beats faster and blood pressure increases. Results: smokers become more alert and may actually even think faster. In addition, nicotine may produce a calming effect by triggering the release of Dopamine. Thus a smoker literally commands two states of mind—alertness and relation.

通过对这一段话分析可知，作者采用了多个衔接手段。例如，after 为时间关系衔接；result 与 thus 为总结关系衔接；in addition 为添加关系衔接；faster 与 more 为照应关系衔接，也属于省略关系衔接；skyrockets，triggering 等为词汇衔接，代表着“突升”“一触即发”的含义。可见，这些衔接手段的运用使得句子与句子连接起来，也体现了语篇的连贯性，保证了语篇语义清晰、逻辑严密，让读者更容易理解。

（二）语篇结构发展

英语语篇结构的展开方式是逻辑直线推理，且每个段落必须集中于一个内容，这正是直线型思维模式的体现。所以，英语语篇结构主要由以下三个部分组成。

（1）主题句（topic sentence）：对主题或中心思想进行明确说明。

（2）扩展句（supporting sentence）：对主题进行说明，主要采用举例、细节或推理。

（3）结论句（concluding sentence）：与主题句形成首尾呼应，重申段落主题。

英语语篇结构特点如图 1-2 所示。通常而言，一个段落只有一个主题句，扩展句以主题句为中心展开。

下面就来分析语篇的展开方式与语篇的关系。

（1）Although the New Testament writers used the popular language of their day, they often achieved great dignity and eloquence.（2）Convinced of the greatness of their message, they often wrote naturally and directly, as earnest men might speak to their friends.（3）Although St. Mark's writing was not necessarily polished, he wrote with singular vigor and economy.（4）St. John struggled with the language until he produced sparse and unadorned prose of great beauty.（5）St. Paul, at his best, reached heights of eloquence which some consider unsurpassed in literature.（6）St. Luke, the most brilliant of the New Testament writers, gave us Jesus' Parable of the Prodigal Son. (7) Taken as a whole, the work of these great Christian writers of the first century has a dignity and splendor all its own.

上例中,(1)和(2)是主题句,(3)、(4)、(5)、(6)是扩展句,(7)是总结句,再次重申了作者的观点。不难看出,每一句都包含自己的大意,并有具体的分析与论述,虽然论述的方式不同,但是都构成了段落的一部分。

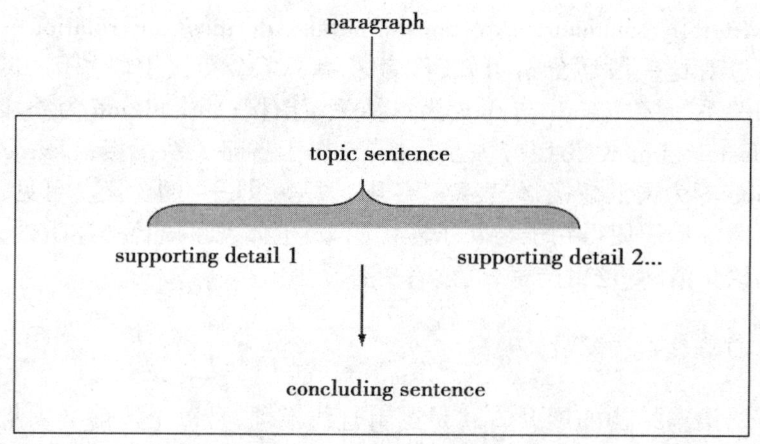

图 1-2 英语段落结构图

(资料来源:李佳,2011)

(三)语篇文体模式

文体不同,语篇的结构也存在明显差异,文章体裁不同,每一种语篇的层次处理也各有特色。下面就对英语中常见的几种文体语篇模式展开分析。

1. 记叙文

记叙文是以记叙人物、经历或事件发展过程为主要职能,范畴很广,包括新闻报道、游记、报告文学、故事、回忆录、访问记等。记叙文的作者希望通过自己的描述与对某个事件的理解来感染读者,起到启示或教育的作用。

一般来说,记叙文包含六个要素,即时间(time)、地点(place)、人物(people)、事件(event)、原因(cause)以及结果(effect)。这六个要素应该在文章的主体部分进行具体描写,在以记事为主的文章中要将事件的起因、经过、结果描述清楚,三者缺一不可,否则事件就不完整了。而有些记叙文描写的对象则是人们周围五光十色、纷繁复杂的生活，作者只需取材于某个生活的侧面或某个精彩、动人的场景即可，再用生动形象的语言，使读者如见其人、如闻其声、如临其境。

常见的叙述方式（way of composing seriation）大致有以下几种类型。

（1）顺序（in sequence），即叙述方式按照事件发展的先后次序展开。

（2）倒叙（flashback），即首先叙述事件结果或某个突出片段，再按照事件发展顺序展开。

（3）插叙（narration interposed），即在正常叙述中，由于某种需要，插入其他的叙述。

（4）夹叙夹议（argumenting while narrating），即在叙事过程中，加入对事件的分析。

记叙文的特点主要体现在以下几个方面。

（1）情节合理。记叙文的情节跌宕起伏，张弛有力，线索清晰。在细腻的描写中，读者跟随着主人公的一举一动与喜怒哀乐，并对事情的进一步发展和结局产生浓厚的兴趣，在读者脑海中留下深刻的印象。

（2）事件特殊。在以记事为主的记叙文中，描写对象都是对作者甚至当事人、读者来说具有一定意义的特殊事件。

（3）语言特征鲜明。记叙文表面看来似乎很好写，但是我们在实践中发现，很多中国学生写的英语记叙文平淡无奇，不讲究语言技巧的运用。实际上，英语记叙文有其自身的语言特征。

首先，记叙文多用动词，特别是动态强的行为动词，因为记叙文多是就情节展开论述，而情节离不开动作的进行。其次，英语记叙文十分讲究时态的运用，具体来说，以一般过去时为主，各种时态为辅，合理使用丰富多彩的谓语动词时态。最后，使用直接引语也是英语记叙文重要的语言特点之一。这是因为用直接引语代替间接的主观叙述，可以客观生动地表达出相关者的心态，从而使得文章更加生动幽默。

2. 描写文

英语中与“描写”相对应的词是 describe，源于拉丁文 describere，意为绘画和临摹。描写文是用生动、形象的语言将人物、事物、景物等的特性具体刻画或描绘出来的一种文章体裁。描写文的对象可以是具体的人和物，也可以是抽象的情感、思想以及对外界事物的反应。好的描写应能帮助读者看见、听到、感受作者所描述的事物或经历。它是双向的，作者把观察的事物用文字表达出来，这个过程是将形象转换成语言；读者则将文字通过自己的理解变成形象，这个过程是由语言转换成形象。

描写文的结构主要有开端、主体和结尾三部分。开端通常有主题句点明主旨，主体的任务是通过具体的细节描述，完整地再现描写客体，结尾则通过生动的类比或总结具体的细节来重申文章的主题。

3. 说明文

所谓说明文，是指将说明作为主要的表达形式，对事物的性能、特点等加以说明，或者对操作的程序进行介绍，或者对某些抽象概念加以解释，或者对事理进行阐明的一种文体。

说明文通过对实体事物进行科学的解说，对客观事物或者抽象真理加以说明与阐释，使人们对事物的构造、形态、成因、种类、关系等以及事理的来源、界定、特点等有一个清晰的了解与把握，从而获取重要的知识与内容。说明文写作的最终目的在于让读者获取重要信息，使读者对事物有完全与清晰的认识与了解，一般表达的不是作者的思想与主张。

说明文的特点一般体现为三个层面。

首先，客观性。说明文通过对事物与事理进行介绍与解释，给人提供信息与知识，教人们学会应用。作者应该保持冷静，尽量不要将个人情感与观点掺杂进去。

其次，解说性。说明文具有明确的目的，在表达上也以说明为主，是对事物特征、性质、原因与结果的说明，或者对事理发生与发展的解释，一般不需要形象化的描绘。

最后，信息性。说明文进行说明的目的在于让人们对事物或事理有明确的、客观的认识，消除人们理解上存在的误区。因此，说明文的信息性较强。

4. 议论文

议论文是利用一定的事实材料和逻辑推理，来剖析事物、论述事理、发表意见、提出主张的文体。议论文主要用于作者表达自己的观点（viewpoint）、立场（standpoint）和态度（attitude），或是反驳他人的观点。议论文的总体特征是说理和举证，以理服人，以事实服人，其在现实生活中十分广泛，常见的有演说稿、评论、杂文、读后感等。

完整的议论文包含论点（contention）、论据（ground of argument）和论证（argumentation）三要素。作者对材料进行分析后得出论点；并用论据来证明自己的观点；论证是运用论据来证明论点的过程。

议论文和说明文有着密切的联系，但又不同于说明文。说明文重在介绍或解释客观事物的形状、性质等；而议论文要论证观点，评论客观事物或某个问题。议论文的主要表达方式是议论，但有时也要运用说明、叙述、描写等手法。

议论文有如下要求。

（1）论点正确，态度鲜明。一篇好的议论文，其论点必须符合客观实际，经得起实践检验。无论是对正面观点的阐述，还是对反面观点的批驳，态度都应十分明朗，不能含糊其词。

（2）论据可靠，材料翔实。论据是作者立论的理由和根据，没有论据的论点，是没有说服力的。在证明论点时，论据必须充分，这样才能把事实说清楚，把道理讲明白。

论据包括理论论据和事实论据，一般议论文中经常使用事实论据，因为事实论据比别的材料更有说服力。理论论据指的是权威性言论的运用，这些言论是经过实践检验能反映客观事物规律性的。在议论文中，事实论据和理论论据经常相互结合，交替运用。

（3）论证严密，逻辑严谨。论证是联系论点和论据的纽带，在论证时说理要严谨，要注意论点和论据的一致性及内在的逻辑关系。常见的论证方法有：举例论证、分析论证、引证论证、对比论证、类比论证等。

第二章 翻译与文体学

翻译是一种语言活动，人们进行语言活动的主要目的是为了进行思想交流。不同的交际环境、交际方式、对象以及目的，要求人们使用不同的“语言”。这里的“语言”指的就是文体。刘宓庆（1998）指出，“翻译者必须熟悉英汉各种文体类别的语言特征，才能在英汉语言转换中顺应原文的需要，做到量体裁衣，使译文的文体与原文的文体相适应，包括与原文作者的个人风格相适应”。翻译与文体学存在密切的联系，研究两者之间的关系，对于翻译工作的开展具有重要的意义。本章研究翻译与文体学的相关内容。

第一节 翻译的定义与分类

一、翻译的定义

翻译究竟是什么？国内外众多专家学者对“翻译”有着不同的表述，以下将介绍其中较具代表性的几种。

英国著名翻译理论家卡特福特（J. C. Catford）认为，语言文本材料可以用一定的量度来衡量价值，翻译是用译语的等值文本材料去替换原语的文本材料。

苏联翻译理论家费道罗夫（Fedorov）认为，一种语言总是会通过某种形式和一系列的内容表达某些意义、思想或情感，翻译就是用另外一种语言将这些意义、思想或情感传达出来。

彼得·纽马克（Peter Newmark）认为，翻译就是把一个文本的意义按作者所想的方式移译入另一种语言。

图里（Gideon Toury）认为，无论在什么情境之中，译文应当是并且事实上是一种目的语文本，它归属于目的语文化。

根据斯莱普(Slype)的观点,源语文本和目的语文本都在传递某种意义,翻译就是要使两个文本传递的意义一致。

美国著名翻译理论家尤金·奈达(Eugene A. Nida)认为,源语文本携带着某些信息,如风格和意义,翻译就是用自然的目的语来再现源语文本携带的那些信息。

苏联翻译理论家巴尔胡达罗夫(M. R. Barkhudarov)认为,文本是语言的产物,只有在内容或者意义对等的前提下,将一种语言转换为另一种语言,才算是翻译。

《辞海》记载,翻译是把一种语言文字的意义用另外一种语言文字表达出来。

孙致礼认为,两种文化之间需要交流和碰撞,才能促进彼此的发展并推动社会文明的进步,要达到这种目的,就需要将源语文本转换为译语文本,而这就是翻译。

张今认为,操两种语言的社会之间要达成交际,必须通过翻译这一媒介,它将源语中的现实情景或艺术情景置于译语中,最终使得两个社会的政治、经济和文化都有所发展。

张培基指出,翻译是运用一种语言准确而完整地把另一种语言所表达的思维内容重新表达出来的语言活动。

二、翻译的分类

自从翻译研究进入人们的视野,关于翻译分类的讨论从未停歇。翻译种类繁多,根据不同的分类目的,有不同的分类方式。简单来说,翻译可以分为口译(interpretation)和笔译(translation)两种,但进行更细致的分类时,各学者有不同的意见。

古阿德克(Gouadec)将翻译分为以下七种类型。

(1)绝对翻译(absolute translation),要求译文和原作间要绝对地对等,不仅体现在内容和形式上,语言结构、术语、信息量和交际值都要保持一致。

(2)摘译(abstract translation),也称"译要",是以翻译为手段准确、简要地将原文中的主题内容(topic)转换为译入语形式的摘要,而不加解释和评论。

(3)图译(diagrammatic translation),即因特殊翻译目的的需要而将原文内容转换成图示的形式。

(4)再结构翻译(translation with reconstructions),是以原文信息最大

限度地为译文读者所接受为目的，不考虑译文的形式，尽可能使译文明白易懂。

（5）选译（selective translation），也称“节译”，即根据读者或客户的需求或感兴趣的信息选取原文全文的大部分或一部分进行客观、简明的翻译。

（6）夸张式翻译（hyperbolic translation），即译者根据自身的看法和理解对原文进行改进式翻译。这种翻译形式有很大的灵活性，强调意义的传达（sense-for-sense translation）。

（7）关键词翻译（keyword translation），是为了满足职业翻译的需要，译者先译出关键词，以决定是否要对全文翻译以及如何翻译。

彼得·纽马克根据翻译者不同的侧重点，即侧重译出语还是译入语，将翻译进行了分类。

（1）侧重于译出语，将翻译分为逐字对译（word-for-word translation）、字面翻译（literal translation）、忠实翻译（faithful translation）和语意翻译（semantic translation）。

（2）侧重于译入语，将翻译分为传意翻译（communicative translation）、惯用翻译（idiomatic translation）、自由翻译（free translation）和改译（adaptation）。

歌德（Goethe）将翻译分为三种，一种是“可以使译入语国了解源语国的文化的翻译”，一种是“取而代之”，即吸收外国作品的内容，以便用本族语并利用本国的文化背景作出一个新的作品代替原作，还有一种是“力求使译文等同于原文的翻译”。

谭卫国在《略论翻译的种类》一文中根据翻译的内容与目的将翻译分为以下四类。①

（1）文学翻译，包括诗歌翻译、散文翻译、小说翻译、戏剧翻译、电影脚本翻译等。

（2）广告文献与说明性文字翻译，包括广告语篇的翻译，说明书和维修指南的翻译，路标、告示、通知的翻译，表格文字的翻译等。

（3）信息资料翻译，包括国家法规的翻译，技术规格和安全标准的翻译，科技论文的翻译，学报翻译以及投标书的翻译，财产让渡书、专利证书的翻译，其他证书的翻译等。

（4）摘要翻译，包括各种报道摘译、论文摘译、科研摘译、口语摘译等。

不同的翻译分类标准，如翻译的方式、翻译客体的文体、翻译的目的、

① 谭卫国.略论翻译的种类[J].上海师范大学学报，2002（3）：110-116.

翻译的形式、翻译的功能等都会产生不同的分类方法，下面就对一些常用的、具体的翻译分类进行分析。

（一）按翻译方式分类

按照翻译方式进行分类，翻译可分为口译（interpretation）、笔译（translation）和机器翻译（machine translation）。

1. 口译

口译是用口头表达的形式进行翻译，其又可以分为以下几类。

（1）按照传送方式的不同，其可以分为同声传译（simultaneous interpreting）、耳语传译（whispered interpreting）和交替传译（consecutive interpreting）三种。

（2）按照翻译场合和翻译内容的不同，又可以分为外交口译（diplomatic interpretation）、商务口译（business interpreting）、学术口译（academic interpretation）、陪同口译（escort interpreting）、工程谈判口译（interpretation in project negotiation）、科技口译（sci-tech interpretation）、媒体口译（media interpreting）、法庭口译（court interpreting）、会议口译（conference interpreting）、社区口译（community interpreting）等。

2. 笔译

与口译相比，笔译对文字能力和表达能力的要求更高。笔译首先要进行阅读理解，了解文本的主题和内容，准备相关的工具书和参考书。其次，在翻译时要保证译作与原作内容与形式上的统一。最后，还要仔细进行校验。

3. 机器翻译

机器翻译将现代语言学和现代智能科学相结合，在某些领域替代人工翻译，有效提高了翻译的速度和质量。

（二）按代码性质分类

1959 年，罗曼·雅各布逊根据翻译所涉及的两种代码的性质，将翻译分为语内翻译（intralingual translation）、语际翻译（interlingual translation）和符际翻译（intersemiotic translation）。

（1）语内翻译是在同一种语言内部，用一种语言符号去解释另一种语言符号，如汉语中的简体、繁体互换等，也就是通常所说的“改变说法”。

（2）语际翻译是严格意义上的翻译，指的是不同语言之间的转换，是指在两种语言之间用一种语言的符号去解释另一种语言的符号，如英汉互译等。

（3）符际翻译是指用非语言符号系统解释语言符号系统，或用语言符号解释非语言符号，是不同语言系统之间的翻译，比如用手势代替语言表达。

（三）按处理方式分类

根据处理方式的差异，翻译可以分为以下几种。

（1）全译（complete translation），即翻译全文，不能随意改变。

（2）摘译（abridged translation），即截取全文的某一段进行翻译。

（3）改译（revised translation），将英语中的被动语态改为汉语中的主动语态。

（4）编译（edited translation），即在保留原作者主要观点的基础上对译文进行编辑。

（5）译评（translation and review），是以译者的身份转述原作的内容。

（6）阐译（interpreted translation），即在翻译时注重内容和喻义方面的表达。

（四）按译文功能分类

德国目的学派翻译理论的代表人物诺德（Nord）按照译文的功能，将翻译分为工具翻译（instrumental translation）和纪实翻译（documentary translation）。

1. 工具翻译

工具翻译是将翻译活动本身看作一项交际活动，努力在译入语文化中实现新的交际功能，并不是仅仅作为源语作者与读者间交际行为的文献记录（documentary record）存在的。工具翻译又可以分为以下几类。

（1）功能等同的翻译（equifunctional translation），常用于技术文本和实用文本的翻译。

（2）功能相异的翻译（heterofunctional translation），译者在进行此类翻译时可以适当调整原作的文本功能。

（3）功能对应的翻译（homologous translation）。这类翻译中译作与原作功能是基本对应的。

2. 纪实翻译

纪实翻译是对源语文本的作者和读者间的交际“进行记录”（serving as a document of the communication between the author and the ST recipient）。因而，译者无须根据译入语的语境调整源语文本，其又可以分为以下几类。

（1）逐词翻译（word-for-word translation）或对照译法（interlinear translation）。这种翻译的目的是体现不同语言的结构差异，主要用于比较语言学和语言百科全书中。

（2）直译（literal translation）或语法翻译（grammar translation），强调按照译入语规范，再现源语的词汇、句法结构和词的惯用法，常用于政治人物的讲话、学术文献的翻译。

（3）哲学翻译法（philological translation）或学术翻译（learned translation），也称“直译加注法”，常用于古代文献、经典或有较大文化差异的文本翻译。

（4）异化翻译（foreignizing translation），对原文的功能进行了部分调整，给译入语读者造成一种陌生感或文化距离感，常用于文学翻译。

第二节　翻译与文体学的关系

关于翻译与文体学之间的关系，这里主要从以下几个方面进行阐述。

一、文体与语码转换

人际交往中存在多种不同类型的语言模式，人们总是在尝试，探索，以使语言模式最大限度地切合语境。

人们对自身所使用的语言的理解和认识具有复杂性的特点，这些语言并不是单纯意义上广泛的、形式复杂的语码知识，而是一种对于多样化语言环境的体验。这种体验能够在实际交际和翻译中为人们在特定场合下做出正确的语言近似项选择提供指导。

语码转换还被社会语言学家们看成从一种文本转入另外一种文本的能力。需要明确的是，语码转换能力并不是与生俱来的，而是伴随着年龄的增长、知识和经验的增加慢慢形成并发展起来的。假如一个人所参加的社会活动领域十分有限，相应地，其语码转换能力通常也会受限制，甚至会闹出笑话。

当今社会处于一个知识大爆炸的时代，语码转换能力已经成为人们谋生或求职的一种技能。即便是母语使用者，也应持续不断地积累社会经验，不断扩展语言知识面，提升自身的文体识别能力。

二、文体学对翻译的指导

文体学对翻译实践具有重要的指导意义。学习并了解文体知识有利于译者在翻译工作中关注文体色彩，做到“文随其体、语随其人”，增强译者处理不同文本类型和语言风格作品的能力。

在翻译时，应确保译文语体风格与原文语体风格相一致。如果原文使用的是书面语体，译文一般也用书面语体。原文如果使用的是口语体，译文也常用口语体。

译者要想切实做好翻译工作，需要关注原文遣词造句的“语域”，除了确保译文在意义层面的“合意”，还应注重其在语用层面的“合宜”。译者既要熟悉原文文体风格的特点，还要准确地把握译文的文体风格，从而应对多样化的语码转换需要。此外，译者还应不断地丰富并完善自身的知识结构、语言文化素养，提升文体能力和意识，在处理不同风格和不同文本类型的文体时，做到得心应手。

语域的研究不仅仅适用于口语翻译，还适用于书面语翻译。以文学语言翻译为例，在翻译文学类的作品时，不仅会遇到各种类型的文体并存现象，还会遇到原作者借助各种不同类型文体以实现多种艺术表达效果的情况，这些都对译者提出了更高的要求。在翻译实践中，译者要注意语言和社会场合间的关系。

此外，译者还需要掌握宽泛、多样的文体类型，在翻译中能根据不同文体选择恰当的翻译手段，确保译文不仅能忠实于原作文体所需，还能紧贴原作文体的特点，符合文体要求。

第三节　翻译文体学研究

一、翻译文体学的定义

20 世纪 60 年代至 70 年代中期，形式主义文体学盛行。

自此至21世纪初，文体学与语言学的联系越来越紧密。辛普森（Simpson）在对文体学重新进行定义时，将传统上文体学研究中常用的"语言学"一词改为"语言"，且用斜体形式来区别，认为文体学是"一种把语言摆到首要位置的文本阐释方法"，这时才显示了文体学与语言学开始脱离开来的迹象。

目前，关于文体学的定义，最为常见的是利奇（Leech，2008）的界定："文体X是Y内所有跟文本或语篇样本相关，被一定语境参数组合所定义的语言特征的总和。"[①] 该界定指向作为语篇特点的文体，这与作为个人属性的文体存在很大的差异。同时，译者文体并不是译文所体现的客观、静态的语言特征，亦非作者文体。从广义上来讲，该定义可用于译作分析，但不适用于对译者文体进行考察。

由此，翻译文体学开始脱离文体学。陈（Chan）将翻译文体称为"译者基于美学或主题而做出的选择，'翻译文体学'隶属于文学批评范畴"。

波波维奇（Popovic）是思考翻译文体学的先行者。他把翻译中的文体对等界定为"原文与译文中某些成分的功能对等，以产生具有意义等同这个不变量的一种表达上的等同"。[②] 在翻译文体学研究中，在一些特定的情况下，文体对等是等同于翻译对等的。

波波维奇将文体对等称为"充分性""表达对应"和"忠实原文"。从这一意义上看，文体对等涉及保留源文本（成分）的表达特征，同时努力保留其基本语义内容。但尽管直接语义对应难以建立，译者还是应该选择与源文本特定成分在文体层面对等的目标语项。

二、翻译文体学的学科定位与研究方法

文体学通常被认为是语言学的范畴，但它其实是语言学与文学研究结合而形成的一门交叉学科。翻译文体学则是一门交叉程度更加高的交叉学科。

根据文体学家在研究中所采用的语言学模式划分，可以将文体学分为以下类型。

（1）形式主义文体学。

（2）功能主义文体学。

---

① Leech, Geoffrey. *Language in Literature: Style and Foregrounding*[M]. Harlow, London & New York: Longman, 2008：178.

② Popovic, Anton. *Dictionary for the Analysis of Literary Translation*[Z].Edmonton: Department of Comparative Literature, The University of Alberta, 1976：6.

(3)话语文体学。

(4)语用文体学。

(5)认知文体学。

从翻译学的学科特点和专业复杂性来看，可以将翻译文体学视为翻译学研究的一个分支，使用文体学方法来考察与翻译方面相关的理论问题，同时不必将其归入纯粹文体学研究内。

自2006年以来，西方翻译文体学主要表现为从译作中找寻译者文体特点。

贝克(Bake,2000)与芒迪(Munday,2008)曾提出翻译文体学大致的研究方法，奠定了研究的可行性根基。

译者文体概念由萨尔达尼亚(Saldanha,2011)正式提出，她考察了怎样从译作中寻找可靠的证据，以此来有效解决衔接、连贯等文体方法论层面的一些难题。这时学界才出现了关于翻译文体学具体的、较全面的理论和方法论框架。

萨尔达尼亚(2011)首先对翻译文体学的常用研究方法做了回顾，然后将英国翻译家彼德·布什(Peter Bush)、玛格丽特·尔·科斯塔(Margaret Jull Costa)的译作作为考察对象，采用语料库的研究方法对她提出的新定义进行测试。在语料分析层面，她对以下内容进行了重点考察。

(1)强调性斜体和外语词汇的使用方法。

(2)转述动词say,tell之后连词使用法。

翻译学界对翻译文体学的研究立足于对文体的不同理解，每一种理解与特定研究方法有关，而结论并不一定是相关的。整体来看，虽然关于翻译文体学的研究成果越来越多，但是还不能找出一个连贯的理论框架对新的研究方向进行指引。

鉴于此，萨尔达尼亚(2011)提出了一个新颖的理论框架，集中研究了翻译文体学的一个层面：译者文体。翻译的个人文体的概念其实并非创新。小普林尼(Pliny the Younger)在公元前112年至公元前61年就曾说过：译者必须模仿作者的长处，同时在翻译中保留译者的个性。萨尔达尼亚认为，在翻译研究中，应该“发展一套连贯的译者文体理论”，[①]这是因为“研究翻译规范与规则的学者已经证明，在语料库中用来表明某些语言模式是经常还是不经常出现的总体数字，常常能通过平均数显现出不同译者之间的区别”。

萨尔达尼亚对方法论上的问题做了集中讨论，指出“在将文体特征

① Saldanha, Gabriela. Translator Style: Methodological Considerations[J]. *The Translator*, 2011, 17（1）：25.

归于某个译者之前,应该先要识别重要元素”。[①] 此外,她使用语料库分析方法测试了译者布什和科斯塔的小型平行翻译语料库,证明了其所提出的译者文体概念的适用性。

① Saldanha, Gabriela. Translator Style: Methodological Considerations[J].*The Translator*, 2011, 17（1）：26.

第三章　基于文体学视角的新闻英语翻译

随着社会以及信息技术的发展,新闻已经渗透至人们生活的各个方面,也成为人们获取信息的重要方式。在这一背景下,新闻翻译也至关重要,是时代发展的要求,也是跨文化沟通和交流的重要途径。本章将从不同方面对基于文体学视角的新闻英语翻译进行具体探究。

第一节　新闻英语简述

新闻英语属于常见的实用文体,它及时报道世界最新事实,为大众提供了了解世界的窗口,扩大了读者的眼界,传递了世界的信息。本节将对新闻英语的基础内容进行简述。

一、新闻的定义

对于新闻的概念,中外不同学者从不同视角出发,提供了不同的解释。下面列举一些有代表性的观点。

美国学者阿维因认为,新闻即对某一事件的报道,这一报道与读者司空见惯的观点具有相当大的差距。

德国柏林大学道比德特教授指出,"新闻就是把最新事实现象在最短的时间内连续介绍给最广泛的受众"。①

《韦氏第九版大学新辞典》(*Webster Ninth New Collegiate Dictionary*)(1983)提供的新闻释义如下:(1)"a report of recent events"(最近事件的报道);(2)"a. material reported in a newspaper or news periodical or on a newscast"(在报纸、新闻期刊或新闻广播中所报道的材料),"b. matter

① 夏廷德,马志波.实用新闻英语翻译[M].北京:对外经济贸易大学出版社,2010:5.

that is newsworthy”（有新闻价值的内容）。[①]

《现代汉语词典》（1994）将新闻界定为：“（1）报纸、广播电台等报道的国内外消息，即新闻广播和采访新闻；（2）泛指社会上最近发生的新事情。”

我国新闻学学者徐宝璜认为，“新闻者，乃多数阅者所注意之最近事实者”。[②]

尽管上述论述各不相同，但对新闻的定义有着一定的共识，即都强调时间的新近性、事件的反常性、内容的真实性和受众的广泛性。

二、新闻的构成

一则完整的新闻大致由标题、导语和正文三个部分组成。

（一）标题

每一篇新闻报道都有标题，它概括了新闻的主要内容。新闻标题可以是完整句，可以是省略句，也可以是一个名词短语。在时态的使用上，它既可以使用现在时态，也可以使用过去或将来时态。它可以诙谐幽默，也可以庄严肃穆；它可以一针见血，也可以制造悬念。它是引导人们阅读或收听、收看消息的“向导”，是吸引受众注意的点睛之笔。

英文标题字体的大小取决于栏数和行数的多少。如果标题仅占一栏一行，称作单栏单行标题；如果占两栏两行就是“双栏双行标题”，依次类推；如果标题横跨整个版面，被称为通栏标题。

（二）导语

新闻报道的开始部分就是导语，导语是全篇新闻内容的概括，是新闻的精髓所在，甚至可以直接作为一则浓缩的微型新闻。导语概括出来的要点，勾勒出来的大体轮廓，都为消息主体的写作确定了基调，起着至关重要的作用。新闻导语是体现新闻价值的重要部分，同时更是一篇报道是否能吸引读者、获得成功的关键。按照新闻报道的要求，导语应尽可能回答五个“W”和一个“H”，即导语的六大基本要素——who（何人）、what（何事）、when（何时）、where（何地）、why（为何）和 how（如何）。

---

① 转引自夏廷德，马志波．实用新闻英语翻译[M].北京：对外经济贸易大学出版社，2010：5.

② 同上。

一则好的新闻导语必须做到既言简意赅,又能提供信息。来看下面一则导语,它仅包含 30 个单词,却清楚表述了新闻的关键内容。

Japanese electronics giant Sony and Swedish telecoms maker Ericsson kicked off a mobile phone joint venture yesterday in Beijing and said the city will soon become its major manufacturing base.

这则导语包含了导语的五大基本要素,分别为:

who—Sony and Ericsson

what—Beijing as the major manufacturing base

how—kicking off a mobile phone joint venture

when—yesterday

where—Beijing

(三)正文

新闻的正文位于导语之后,它是整篇新闻报道的主干,通过具体的事实叙述整个新闻事件的过程。新闻正文主要由所要报道的事实组成,一篇精彩的新闻要有一个丰满的、文字讲究的主干,才能算作合格的新闻消息。正文必须紧扣导语,不能偏离导语,在叙述顺序上,应该按照所述事实的重要程度依次补充细节内容,即应该把最重要、最精彩的部分放在文章的开头,而将次重要和不重要的部分放在后面,也可以按照事实发生的时间顺序进行报道。

下面通过一个具体范例来详细了解一下新闻的整体结构。

Ship Captain Cites Currents in Crash

By Anthee Carassava

Athens April 8—The captain of a cruise ship that slammed into a volcanic reef before sinking off the Aegean island of Santorini blamed strong sea currents for the accident, Greece's state-run television said Sunday.

The 1,156 passengers, most of them Americans, and the 391 crew members were forced to evacuate the listing liner, which sank 15 hours after the accident on Thursday. A pair of French tourists have been missing since then.

"I felt the ship, which had been on a normal course, slip to the right because of the sea currents," state-run NET television quoted the captain as saying in the deposition in the long session before a public prosecutor. "I gave the order for a full turn left. But there was not enough time for the ship to respond." The captain's name has not been released, and the television station did not explain how it obtained the deposition comments.

On Saturday, the captain and five other officers of the 489-foot-long Sea Diamond were indicted on charges of causing a shipwreck through negligence, breaching international shipping safety regulations and polluting the environment.

All were released pending further investigation, but judicial officials said their indictments would eventually encompass charges relating to the disappearance of the two French passengers, a 45-year-old father and his teenage daughter, who are presumed dead.

If convicted, the officers each face a maximum five-year sentence.

The Greek-flagged cruise ship rammed a well-marked and charted reef in fair weather on Thursday, inside Santorini's sea-filled crater.

Louise Cruise Lines, the Cyprus firm that runs the ship, insisted that the Sea Diamond was equipped with all the latest navigation technology.

While all other passengers were retrieved safely, several tourists complained of insufficient supplies of life vests, little guidance from crew members and a delayed, four-hour evacuation process that forced some passengers to climb down rope ladders.

Greek authorities have vowed to come down hard on those found accountable.

"Greece is a major tourist destination, and incidents like these must not be allowed to occur," said Tourism Minister Fanny Palli Petralia.

船长称触礁系水流造成

雅典4月8日电(记者安西·卡拉萨瓦)——据希腊一家国营电视台星期日报道,触火山暗礁的游轮船长称,沉船事故是由海上强急流造成的。这艘船触礁后在爱琴海桑托林岛附近沉没。

船上共有1156名乘客,其中大部分是美国人,另外还有391名船员。这些人被迫撤离倾斜的游轮。该游轮在发生事故15个小时后沉没。有两名法国游客自此失踪。希腊国家电视台NET援引船长在一位公诉人面前接受长时间询问时所做的庭外证言:"我当时感到由于海流作用船向右侧滑去。在这之前船一直在正常航线上。"他说:"我发出了左满舵口令。但船已经来不及做出反应。"船长的名字没有公布。电视台没有说明如何获得上述证言。

在周六船身长达489英尺的"海洋钻石"号游轮的船长和高级船员受到起诉,罪名是因过失造成船舶失事、违反国际航运安全规则以及污染环境。

以上人员已全部获释，等待进一步调查，但司法官员称，对其起诉的罪名最终将包括两名法国乘客失踪之事，一名是45岁的父亲，一名是他十几岁的女儿。据信两人已死亡。如果判决有罪，以上高级船员每人最高可获5年刑期。

这艘悬挂希腊旗的游轮，周四在晴好天气状况下在桑托林岛的充满海水的火山口内撞上了一块标识清楚、海图上注明的暗礁。

营运这艘游轮的塞浦路斯路易斯游轮公司坚称，“海洋钻石”号装备了各种最新的航海技术设施。

虽然其他旅客全部安全获救，有几名游客投诉船上救生衣供应不足，船员几乎没有提供指导，撤离过程迟缓，长达4个小时，迫使一些乘客顺绳梯爬下。

希腊有关部门起誓要严惩责任人。希腊旅游部长范尼·帕里·佩特拉里亚称：“希腊是一个重要的旅游目的地，决不允许发生类似事件。”

（《纽约时报》2007年4月9日A4版）

第二节　新闻英语的文体特征

新闻英语的主要目的是及时、有效地传递信息，同时吸引读者目光，具有准确、简练等特点，因此新闻英语讲究遣词造句，注重语言效果，从而呈现出鲜明的文体特征。

一、新闻英语的词汇特征

（一）使用简短词

一些形象生动、简明扼要的简短词在新闻中经常被使用，它们可有效增强新闻的可读性与趣味性。例如，在表述“破坏”时，新闻英语并不用damage，而是用hit，hurt，wreck，ruin等。再如：

Bali climate talks seek 2009 deal

巴厘岛气候峰会寻求2009年（抵制全球温室效应的）谈判

为了使语言更加简洁易懂，上述标题用deal一词代替了negotiation一词。deal一词短小精悍，言简意赅，不仅使得标题便于理解，而且能有效节省篇幅。

（二）使用新闻词

很多普通词汇在新闻英语中都有着广泛的使用，但是这些普通词汇的含义在新闻英语中发生了变化，被赋予了与新闻密切相关的特殊含义，最终形成了新闻词汇。这些词汇往往词义宽泛，简明生动，非常利于新闻的表达。例如：

head 率领，带领

pact 协议，条约

clash 冲突，争议

sway 影响，支配

有些普通词汇在新闻领域的含义与原义相差甚远，极大地丰富了新闻词汇。例如：

angel（天使）难得碰到的事情

baby kisser 善于笼络人心的政客

soul music 黑人音乐

soul food 美国黑人常吃的食物

moonlight（月光）兼职，赚外快

dirty trick（卑鄙手段）政客伎俩

（三）使用缩写词

几乎每一则新闻都是在有限的篇幅内呈现的，所以新闻文本都会努力在有限的篇幅内表达尽量多的信息，而缩写就是节省篇幅的有效方法，所以言简义丰的缩写词常出现在新闻英语中。例如：

PC（personal computer）个人电脑

GPS（global position system）全球定位系统

CEO（chief executive officer）首席执行官

FBI（Federal Bureau of Investigation）联邦调查局

IOC（International Olympic Committee）国际奥林匹克委员会

NBA（National Basketball Association）美国职业篮球联赛

（四）使用节缩词

节缩词在新闻英语中也常被使用，其目的也是有效节省篇幅。本质上，节缩词是缩写词的一种，就是通过“截头去尾”的方式缩短一些词语。例如：

influenza → flu（流行性感冒）

parachute → chute（降落伞）

celebrity → celeb（名人）

advertisement → ad（广告）

（五）使用外来词

为了更加贴切地表达某词语的意思，同时抓住读者的目光，激发读者的阅读兴趣，新闻报道中经常使用一些外来词。例如：

The shipping company, starting from scratch in 1952, has blossomed into the doyen of the maritime foreign industry.

这家船务公司于1952年白手起家，至今已经发展壮大，成为海上货运业的龙头老大。

上述doyen源自法语，其基本含义是“资格最老的元老”，在这里表示“龙头老大”。

Hong Kong cinema audiences are dwindling, tired of smashed-up kung fu blockbusters.

香港影院的观众数量在减少，他们厌倦了那些耗巨资拍摄的狂轰滥打的功夫片。

上述kung fu源自中文，表示“功夫、武功”，在这里指那些以武打为主的动作片。

类似的例子还有很多，简要列举如下：

a priori [拉丁语] 演绎的，先验的

per annum [拉丁语] 每年

pro rata [拉丁语] 按比例，成比例

coup de main [法语] 突击，突袭

de luxe [法语] 高级的，豪华的

entente [法语] 协议

tout a coup [法语] 突然地

blitzkrieg [德语] 闪电战，闪击战

blitzpolitik [德语] 闪电式外交政策

（六）多用新造词

新闻最能体现社会的发展，常报道一些最新情况和新鲜事物，因此常

使用一些新造词,同时淘汰一些不适应社会需要的旧词。例如:

micro blog 微博
multi-company 跨国公司
news blackout 新闻封锁
beatnik 垮掉的一代
cinenik 电影迷
citynik 都市迷
jobnik 工作狂
holiday blues 假期忧郁症
economic blast-off 经济腾飞
economic take-off 经济起飞
floating hotel 豪华客轮
vehicle-free street 步行街
jet syndrome 时差综合征
no-go area 禁区

二、新闻英语的句法特征

(一)使用被动句

新闻的首要目的是向大众传播信息,为了突出重点,让读者更快地了解信息和事件,新闻英语常广泛使用被动句。例如:

At least 53 persons, most of them children, were killed Saturday in a bus accident in the central part of France.

伤亡人数和对象是上述报道想要强调的内容,所以上述报道采用了被动形式,突出了信息中的重点。

(二)使用省略句

为了节省篇幅,突出重点,新闻报道的标题常省略冠词、系动词、介词等,而保留主要成分。例如:

Three Gorges Flooded by "Farewell" Tourists
(=*The* Three Gorges *were* flooded by "farewell" tourists.)
惜别之情难挡游客蜂拥至三峡

省略句的使用使得语言更加简短有力，但有时也会使读者感到费解，或许如此才更吸引读者迫不及待地阅读全文。

（三）使用套语与行话

新闻英语中有着固定的套语和行话，如在表示新闻来源时，就可以采用与之相对应的套语或行话：

It has been announced that... 据称……

According to eyewitness... 据目击者称……

According to reliable sources... 据可靠人士称……

上述套语不仅使用便捷，而且能有效提高新闻工作效率，因此备受新闻工作者的青睐。

三、新闻英语的修辞特征

（一）使用比喻

在新闻英语中使用比喻，能提高语言表达效果，有利于读者加深理解。比喻包括明喻与暗喻。

（1）明喻。例如：

Bernstein Research has said it sees "a growing risk of either appropriation of assets or the imposition of draconian taxes as Telefonica looks as attractive a cash cow to President Chávez as it does to European investors."

Officials at Venezuela's Finance Ministry declined to comment.

上述将西班牙电信公司（Telefonica）比作一头诱人的生财的母牛/摇钱树（as attractive a cash cow），生动地体现出西班牙电信公司在查韦斯总统和欧洲投资者眼中的意义。

The new financial policy is like a mish-mash of those policies that we have carried out in the past three years.

上述将新的金融政策比作是之前那些政策拼凑出来的大杂烩，使读者很容易就能够了解新政策并无实质性的突破。

（2）暗喻。例如：

The Cup-Clincher over a Japanese team that refused to admit defeat after being down two sets came on the heels of a see-saw five-set win over the United States on Sunday.

上述将日本队与美国队的对抗赛比作“see-saw”,令读者仿佛看到一场你先丢一局我后扳一局的激烈比赛。

(二)使用拟人

拟人修辞的使用能够增加新闻的生动活泼,激发读者的兴趣。例如:

Volcanic baby clears its throat.

上述是关于火山爆发情景的消息,volcanic baby 的说法属于拟人修辞,通过这种拟人手法的使用,可使读者产生身临其境之感,仿佛亲眼看到了火山爆发的情景。

The convection currents set up in the cool air by the heat of your body prompt her(the mosquito)to cut the motor and let down the landing gear.

上述例子用 her 来指代 mosquito 以及 cut the motor and let down the landing gear 的说法显然是运用了拟人的修辞手法,使阐述“蚊子叮咬”这样一个科学问题变得十分轻松有趣,并且利于读者理解。

Lonely gibbon from Zhuhai seeking loving wife

拟人手法的使用赋予了长臂猿以人的情感,如 lonely, seeking loving wife,实现了妙趣横生的效果。

(三)使用借代

借代是新闻英语中使用频率最高的修辞格之一。例如:

Koo had spent all that day, Jan. 6, trying to convince the Blue House not to force him to give up LG's semiconductor business to Hyundai Electronics Industries.

本例中的 Blue House 本意是指韩国总统的官邸,放在这里指代韩国政府。

Baghdad is kissing the Arabs by launching an all out “Arab friendship” campaign.

本例中的 Baghdad 实际上指的是伊拉克。

...If World War II gave rise to the national security state, September 11 created the homeland security state...

本例中的 September 11 原本表示一个很普通的日期,但由于 2001 年 9 月 11 日发生了震惊世界的“9·11”恐怖袭击事件,因此 9 月 11 日在这里就指代这场恶劣事件。

(四)使用夸张

在新闻英语中适当使用夸张,不仅可以更加深刻地表达文章的意思,还能够增加新闻的趣味性。例如:

A Vow to Zip His Lips

本例中 zip one's lips 的说法属于夸张修辞,突出显示了守口如瓶的决心。

(五)使用仿拟

在新闻英语中使用仿拟有助于增加新闻的趣味性、哲理性等,能够有效吸引读者的注意力,激发读者的阅读兴趣并且加深读者对新闻的理解。例如:

Time Inc. says *Life* is coming back, and if *Life* returns, can *Look* be far behind?

本例中的 if *Life* returns, can *Look* be far behind? 仿拟了英国诗人雪莱的"Ode to the West Wind"中的名句"If winter comes, can spring be far behind?"(冬天来了,春天还会远吗?)

Smelling is believing.

本例仿拟了一句英语习语"Seeing is believing."(眼见为实),意指要闻到它的味道才能知道在这种漂亮迷人的花朵外表下隐藏的玄机。

(六)使用双关

在新闻中使用双关,可在还原新闻事件的同时,赋予文章以幽默感或引起读者深思。例如:

"We have courses to make grown men young and young man groan", said a coach of the Men's Gym.

本例借助 grown 和 groan 实现谐音双关,意图暗示在健身房锻炼的效果会很好。

It's a long, long way to Siberia and a long, long wait at Moscow Airport.

本例使用了由同音异义词构成的双关修辞,使语句显得活泼。

When a woman complained to her butcher that his sausage tasted like meat at one end, but bread at the other, he replied, "Madam, in the times like these, no butcher can make both ends meat."

此例中的 to make both ends meat (使两头都是肉)与 to make both

ends meet（使收支平衡）具有相同的发音，属于双关修辞，意在暗示如果制作出来的腊肠两头都是肉，屠夫就要亏本了。

（七）使用典故

新闻英语中还常使用一些人们熟知的典故，典故的引用可帮助读者理解新闻意图，引导读者积极思考和联想。例如：

Farewell to Wall Street Investment Bankers Rush to Internet Firms

上述标题中的 Farewell to... 源自美国著名作家海明威的 *A Farewell to Arms*（《永别了，武器》）。

President's Heels Hurt

上述新闻标题源自一个著名的英语典故 Achilles heels（阿喀琉斯的脚后跟，即致命的弱点）。

（八）使用委婉语

新闻英语还使用委婉语，即借助转义形式换一种角度或说法来寓意真意，其目的是减少刺激和敏感性，起缓冲和美化的作用，取得理想的表达效果。例如：

When you are out there 200,000 miles from earth, if something goes wrong, you know that's the end of the ball game.

当你到了离地球 20 万英里的太空中，一旦出了什么差错，那就意味着你要玩完了。

the end of the ball game 的本义是"球赛结束"，这里是人生的终结的委婉表达。英美人常把人生视为一场比赛，因此比赛结束就意味着人生的终结。

新闻中使用的委婉语包括以下几种类型。

（1）政治、军事领域。关于政治、军事领域的新闻常采用委婉语来描述一些敏感信息。例如：

adjust the front 撤退

conflict 战争

collateral damage 附带伤害，指残杀

final solution 终结方案，指希特勒对犹太人的种族灭绝政策

energy release 能源释放，指核辐射泄漏

involvement 卷入其中，指侵略

Foggy Bottom 雾谷，指美国国务院

phased withdrawal 大溃败

serve the target 消灭敌人

terminate with extreme prejudice 谋杀

inoperative statement 谎言

put away/dispose of/remove/rub out 处理完毕,指杀光

managed news 加工过的新闻,指歪曲报道

physical persuasion 肢体劝服,指虐囚

police action 警察行动,指干涉别国的行动

(2)不良社会经济现象。人们往往不愿意看到罢工、失业等现象,因此表达这些现象时常使用委婉语。例如:

get the walking ticket 下岗

layoff 下岗,指解雇走人

select out 下岗

show sb. the door 下岗

ease out 下岗

downsizing 缩小规模,指裁员失业

rightsizing 缩小规模

slim 缩小规模

adjustment downward 下调,指下降

industrial action 工业行动,指罢工

a dock-and-dodge game 不断跳槽,指无固定职业,临时工

urban camping 城市驻营,指流落街头

(3)年老。西方人非常忌讳说老,因此在新闻报道中也避免使用 old 一词,而是采用一些褒义词或中性词来美化年老。例如:

the veterans

the senior citizens

the second childhood

the graying army

the sunset years

the golden agers

(4)死亡。"死亡"这一话题是人人都避讳的,因此新闻报道中常采用委婉语进行表达。例如:

take an earth bath

join the majority

fall asleep

be at rest
be going without a passport
be safe in the arms of Jesus
be called to God
pass away
be gone
go to heaven
breathe one's last
pass beyond

（5）在报道某些不太受人欢迎的职业时，新闻英语也会采用委婉表达。例如：

funeral parlor 葬礼厅，指殡葬场
funeral counselor 葬礼顾问，指殡葬工人
chimney consultant 烟囱顾问，指扫烟囱工人
footwear maintenance engineer 鞋靴保养工程师，指修鞋工
garage industry 垃圾工业，指垃圾清扫业
sanitary engineer 卫生工程师，指垃圾工人
mental hospital 精神医院，指精神病院

（九）使用头韵

对于音韵修辞，新闻英语常使用头韵这一修辞格。例如：

Nobel Prize Plan Not Very Noble

上述是一篇针对大学招收高才生组成诺贝尔班的报道的标题。标题中借助 Nobel 和 noble 两词押头韵，不仅增加了标题的吸引力，还暗示了该报道对此事件所持的否定态度。

The crunch of people crushes city and country alike.

人头攒动挤满城市和乡村。

例中的 crunch 和 crush 押头韵，加强了句子的沉重感。此外，句中有四个单词的首字母是 c，构成了视觉上的头韵，产生连绵不绝的效果。

（十）使用尾韵

新闻英语中使用尾韵修辞格的情况也十分常见。例如：

If it satisfies the lips, it will sit on the hips.

上述出自一篇关于如何减肥的文章，不仅利用 lip 和 hip 构成押韵，

还暗示了二者的内在联系，即如果满足 lip（嘴巴）的欲望，那么脂肪就会囤积在 hip（臀部）上。

Construction in Scenic Spot: Protection or Destruction

上述例子使用了 protection 和 destruction 两个意义相悖但尾韵相同的词语，提出了关于景点建筑的两种不同的观点，成功地引起了读者的注意和兴趣。

（十一）使用半谐音

半谐音在新闻英语中的使用虽并不多见，却也有所涉及。例如：

With only 3% of the Americans in agriculture today, brain has supplanted brawn, yet cultural preference, like bad habits, is easier to make than break.

上述例子出自一篇有关性别歧视的新闻。其中的 make 和 break 押 /ei/ 韵，brain 和 brawn 也押头韵 /br/，这些押韵的使用使文章结构更加紧凑，表现力更强，同时彰显了新闻语言的音韵之美。

第三节　新闻英语的翻译原则与方法

由上文可知，新闻英语的文体特征十分独特，这也增加了其翻译的难度。在对新闻英语进行翻译时，首先要充分了解新闻英语的文体特征，然后以学科的翻译原则为准则，并灵活运用各种翻译方法，这样才能做到准确、有效的翻译。本节将对新闻英语的翻译原则与方法进行具体说明。

一、新闻英语的翻译原则

新闻英语兼具实用性与艺术性，风格独特，语言灵活，但其翻译不可随意进行，还要遵循科学的原则，这样才能确保新闻翻译的准确性。

（一）准确性原则

新闻语言表述客观、严谨，很少掺杂个人情感，所以在进行新闻翻译时应确保译文的准确性。如果新闻语言不够准确，不仅会让读者产生错误理解，还会引发常识性错误，所以在对新闻英语进行翻译时，要根据上下文来翻译词语，因为有些语义是由语境决定的。例如：

"The primary currency of the (SALT) negotiations became limits on the number of launchers, not limits on missiles or their characteristics," says former SALT negotiator Paul Nitze. "This has proved to be the wrong currency."

currency 一词的基本含义是“货币；流通；流通时间”，但将这样的解释直接移到译文中显然是不合理的，所以要深入探究其含义，并寻找到与之相适应的汉语意思。实际上，currency 一词还有“交换意见的媒介”这一含义，这是“货币”一义的引申。在这里，为了使译文语言更加准确精练，可将其译为“议题”。

（二）清晰原则

新闻的主要作用是向受众传递信息，而为了便于受众准确理解和获取信息，新闻翻译就必须做到清晰。如果译文意思模糊，偏离原文信息，也就无法达到传播的效果和目的。

要做到译文清晰，译者就要充分了解中西方语言和文化差异，并按照译入语的思维方式和表达习惯进行翻译，以便于读者清晰理解和掌握新闻信息。中国有着很多独特的文化现象和语言表达，外国受众对其往往都感到比较陌生，此时在翻译时就要进行简短的说明和解释，以便外国受众清晰理解。例如，对于“打白条”这一特色词语，外国读者是很难通过其字面意思理解其本质内涵的，译者在翻译时就可以借用英语中的 issue an IOU 这一现成表达，这样就便于外国读者理解了。

（三）注重文化差异原则

文化对翻译有着重要的影响，这在新闻英语翻译中也有着鲜明的体现。所以，译者不仅要具备扎实的英语语言知识，还要具备一定的文化差异素养。在进行新闻翻译的过程中要充分考虑文化因素，从而准确传递信息，促进不同文化背景下的人们相互了解和沟通。具体而言，译者可采用归化和异化两种策略处理文化差异问题。归化就是对外来文化进行改造，使其本土化，这样能够缩小文化差异，便于读者理解和阅读译文。异化就是保留源语的语言和文化特色，这样可使读者切身体会异国风情，促进不同文化之间的沟通与交流。

二、新闻英语的翻译方法

(一)新闻标题的翻译方法

1. 添加注释

文化对思维方式有着重要的影响,英语新闻记者都会用英语思维写作新闻,写出的标题也主要是迎合本国读者的阅读习惯和心理。对此,译者在进行汉译时就要充分考虑中外文化差异和读者阅读心理的差异,做必要的变通、增补和阐释,以便于读者理解。例如:

Lewis, Xie Voted World's Top Two

路(易斯)谢(军)当选世界十佳(运动员)前两名

很显然,如果不做必要的解释,汉语读者是很难理解原新闻标题的含义的。译者添加了必要的注释,这样可使读者对标题含义一目了然。

总体而言,译者在翻译新闻标题时应兼顾汉语和英语新闻标题的异同点,适当增补有关介绍性、注释性词语,以减少读者的理解障碍。

2. 套用诗词熟语

每一种语言中都有大量的诗词熟语,它们是语言的精华,也常被应用在新闻写作中。如果直接翻译,必然会对译入语读者造成理解障碍,此时译者可以套用译入语中与之相对应的诗词熟语,这样既不失原文特色,又便于读者理解。例如:

Singapore Film Star Gives Part of Liver to Save Dying Lover

若为爱情故,肝胆也可抛——狮城影星捐肝救垂死恋人

原新闻标题的内容并不难理解,但译者为了完整传达原题情真意切的意蕴,取得感人的效果,对原文稍微做了改动,由一个部分变为了两个部分,即眉题和正题。眉题部分套用了名句"若为自由故,两者皆可抛"。

3. 补全背景

新闻标题字数有限制,长度要控制在一定的范围内,也就不能将与新闻事件相关的全部信息包含在内,常常会省略一些信息。针对这一情况,译者要把握标题的重心,同时考虑读者的心理,将读者不熟悉的重要信息加以补充说明,同时可以删除一些不必要的内容。例如:

I Worry That We Won't Live to See Our Daughter

日朝人质何时休,老母盼儿泪满流

如果直接进行翻译,上述标题可译为“我担心活不到见到女儿的那一天”,这样翻译虽无过错,却没能给读者传播新闻中的一些重要信息。上述译文对当时的语境条件进行了增补,简明扼要地交代了事件的背景,这样不仅便于读者了解,也能激发读者的情感。

4. 巧译修辞手法

在翻译新闻标题时,尽量保留原文的修辞手法,如果无法还原原文的修辞手法,也可用其他修辞手法代替,从而达到与原文相似的语言效果。例如:

All Work, Low Pay Makes Nurses Go Away

工作繁重薪水低,护士忙着把职离

上述标题仿拟了英语谚语“All work and no play makes Jack a dull boy.”,但汉语中很难找到与之语义相同、修辞方式相似的表达,此时只能舍弃原文的修辞形式,对其进行调整翻译。上述译文虽然没有保留原文的修辞手法,但尾韵修辞的使用不仅读来朗朗上口,而且便于读者理解,具有异曲同工之妙。

(二)新闻导语的翻译方法

(1)硬性新闻导语的翻译。硬性新闻导语语言简洁凝练,表达直截了当。在对其进行翻译时可采用直译法,必要的时候可根据具体情况进行适当调整,以确保译文准确传达原文信息,同时符合译入语的表达习惯。例如:

Three Chinese students are confirmed killed in early Monday's deadly fire at a Moscow university, according to latest information from the Chinese Embassy in Moscow.

据中国驻莫斯科大使馆最新消息,在星期一早上莫斯科一所大学发生的一场致命的大火中已确认有3名中国留学生丧生。

十分简短的硬性新闻导语将整个事件交代得十分清楚。在翻译这一导语时,就可以采用直译法。

(2)软性新闻导语的翻译。软性新闻导语具有文学性特征,其语言生动活泼,富有情趣,能有效吸引受众的目光,所以在翻译这类导语时,应该用带有文学色彩的手法,充分再现原文的文学风格。例如:

Motherhood and apple pie are still fine, but the thing many Americans relish most these days is owning their own homes. Two in three homes are owned by their occupants, and the lowest mortgage rates in three decades keep the numbers rising. But this does not suit everybody.

母爱依旧浓，苹果派味道依旧美，但如今许多美国人津津乐道的事情是拥有自己的房子。现在三分之二的美国人是居者有其屋，三十年来最低的抵押贷款利率使这一比例继续上升，然而这并非人人都适用。

上述新闻导语通过对生活氛围的描述引出新闻事实，逐步进入主题。在对其进行翻译时，译者用富有文学色彩的手法进行了直译，将原文的含义进行了较好的传递。

（三）新闻正文的翻译方法

1. 适当调整语序

在新闻英语的翻译中，通常可以调整句子的语序，使译文更加符合汉语表达习惯。例如：

Delicious smell and succulent dishes were matched in brilliance by the Queen's costume, a heavy pink silk crepe dress, embroidered with clusters of peonies—China's national flower—in rose pink jewels, pearls and crystal.

（*The Daily Telegraph*, Oct.14, 1986）

女王身着粉红色重绉丝裙，裙子上是中国国花牡丹的刺绣图案：一簇簇牡丹花，盛开在玫瑰红的宝石、珍珠和水晶之中。华丽的衣裙和丰盛的美食，可谓相得益彰。

译者并没有按照原文语序进行翻译，而是对原文语序进行了较大的调整，这样翻译既不失原文含义，又增强译文的可读性，使译文符合汉语的表达习惯。

适当调整句子结构同样适用于汉语新闻的英译中，以便使主次信息更加明了。例如：

我们围绕解决经济运行中的突出问题，注重增强宏观调整的预见性、及时性和有效性。

We have worked hard to make macroeconomic regulation/macrocontrol more proactive, responsive and effective, with focus on resolving major problems effecting economic performance.

（《中译协新词选登》，2008）

例中原文有两个小句，其中第二个小句是主要信息，第一个小句是有关细节内容，是次要信息。译文将其改译成一个句子，主要信息被用来作为句子的主干结构，with focus on resolving major problems effecting economic performance 是次要信息，因此这样借助 with 引导的介词短语穿插到句子中做状语，使得译文句子结构紧凑，表达地道。

2. 慎用“被”字

因表达习惯的不同，英语中尤其是新闻英语中的被动语态使用较多，而汉语中虽然也有被动语态，但使用得不多，即使用被动语态，也往往不明确提出“被”字。有些中国学生在学习翻译时，由于经验与水平有限，或者由于不愿多费脑筋，往往一见被动便用“被”字，结果使译出的句子非常别扭。例如：

They brought forth a regulation which could never be conformed to, which it was impossible to follow.

（*The Baltimore Sun*，1998）

他们制定的这个法规，根本不可能被任何人遵照去做，更无法遵守。

在上述译文中，“不可能被任何人遵照去做”与“无法遵守”意思相同，因此没必要重复。原文中的“遵照”为 be conformed to，“遵守”为 to follow，两者实际含义不同，前者被动，后者主动，即前半部分是“法规无法被群众遵守”，是被动式，后半部分的是“（政府）无法贯彻法规”，是主动式，整个句子实际上是从两个不同的角度说明法规的不可行。译文没有弄清两者之间细微的区别，只用文字上的差异来译不同的原文，结果表达方法虽不同，意思却无区别，都是从群众一方出发提出论证，不但未准确表达原意，而且造成译文重复啰唆。原译应当改译如下：

他们制定了一项根本无法遵守也无法付诸实施的法规。

3. 正确翻译 said

在新闻稿件中，引语使用得非常多，所以 said 一词的使用频率非常高，在翻译与 said 有关的字词时，原则上用直译。如果是英译汉，可把 said 直接翻译成“说”字。如果是汉译英，原文可能使用不同的表达方式，如“表示”“指出”等，翻译时一般也可改译为 said。下面来看一个英译汉的例子：

“The terrorist attack on New York and Washington is an act of war against all the people of America,” the spokesman said.

The spokesman said, “The terrorist attack on New York and Washington is an act of war against all the people of America.”

“The terrorist attack on New York and Washington,” the spokesman said, “is an act of war against all the people of America.”

这些文字要译成中文时,它们的表达方式却十分有限。以上三句话都可以翻译为:

这位发言人说:“对纽约和华盛顿的恐怖袭击是针对全体美国人民的战争行为。”

第四章　基于文体学视角的广告英语翻译

广告是一种重要的宣传方式,其目的是向公众介绍商品或说明服务内容。随着经济全球化的发展,各国之间的经济交往日益频繁,无论是中国的商品还是国外的商品,都开始走出国门走向世界,并通过广告这一信息传播方式来进行促销,扩大知名度。而在这一过程中,翻译起着极其重要的作用,因此对英语广告翻译进行研究意义重大。本章就从文体学的角度对广告英语翻译进行探究。

第一节　广告英语简述

广告对于广大受众而言并不陌生,人们会经常通过各种途径和方式接触广告,广告已深入人们的日常生活,并影响着人们的生产生活。

一、广告的定义

广告,是广而告之的简称,泛指一切不针对特定对象的公告,包括公益广告、旅游广告、商业广告等。[①] 英语中 advertisement (广告)一词源于拉丁语 advertere,意思是“尖叫”,也就是唤起人们对某事物的注意。实际上,对广告下一个确切的定义是十分困难的。

著名的美国市场营销协会(American Marketing Association, AMA)给广告下的定义是:广告是由特定的广告主通常以付费的方式通过各种传播媒体对产品、劳务或观念等信息的非人员介绍及推广。[②]

我国《辞海》对广告的定义是:广告是向公众介绍商品、报道服务内容或文娱节目等的一种宣传方式。这一定义包含两层含义:(1)广告是告知社会各界广大公众的一种宣传活动;(2)广告是需要通过一定的媒

① 傅敬民.实用商务英语翻译教程[M].上海:华东理工大学出版社,2011:250.

② 王燕希.广告英语[M].北京:对外经济贸易大学出版社,2004:6-7.

介来进行宣传的。

虽然对广告的表述有所不同,但本质是相同的,即广告面向广大受众,通过一定的媒介传递信息,从而吸引受众的注意力,促使受众采取购买行动。

二、广告的功能与分类

广告已深入人们的生活,并发挥着巨大的作用。具体而言,广告主要包含以下功能。

首先是信息功能,广告能让消费者明白所宣传的是什么产品或服务,让消费者清楚哪些符合自己的需要。

其次是唤起需要的功能,当消费者了解了产品或服务的相关信息之后,广告就会向消费者灌输新的欲望,激发消费者的好奇,使他们产生兴趣,进而决定购买。

最后是说服功能,当消费者获得信息之后往往不能决定是否要购买,而广告具有劝导性的语言则能使消费者感到自己确实需要,进而鼓起勇气购买。

就分类而言,按照不同的标准,广告文体有不同的类型。按照是否以营利为目的,广告分为商业广告和非商业广告;根据广告媒介,广告分为报纸广告、杂志广告、广播广告、电视广告、电影广告、户外广告、网上广告等。根据对象,广告可分为消费者广告、产业广告、服务业广告等;根据地区,广告可分为国际性广告、全国广告、地区广告和地方广告。

三、广告的构成

一般来说,广告由标题、正文和结尾三个部分组成。

(一)标题

标题(headline)是广告的核心部分,标题在广告中尤其是印刷广告中的作用是举足轻重的,它是广告向读者传送信息的第一站。标题主要由短语或短句构成,它具有简洁生动、清晰明了的特点,简洁精确地体现广告主题。读者在读一则广告时,能否对其产生兴趣,关键取决于广告标题是否具有吸引力。实践表明,在阅读广告时,大部分读者都只看标题,如果标题不够有魅力,那么他们也就没有兴趣阅读广告正文了。所以,广告标题多用醒目的黑体字来印刷,而且语言简洁,具有吸引力。

（二）正文

广告正文（body）主要是对产品的特征、功效等做进一步的介绍和说明，它体现了广告的主题，目的是宣传产品，促使读者采取购买行为。引言、主体和正文结束语是广告正文的三个组成部分。引言通常作为正文的第一句话出现，起着衔接标题和正文的作用。广告正文的主体部分主要是提供论据，起着宣传商品功能与特点的作用。广告正文的结尾部分就是结束语，它对正文主体起着总结作用，同时具有敦促消费者采取行动的作用。下面来看一则香烟广告的正文。

Something for menthol smokers to think about

There are menthol cigarettes and there are non-menthol cigarettes. And if you're a menthol smoker you certainly know by now which one you really enjoy smoking.

So what makes us think we'll ever get a crack at switching you?

Well, we're going to try.

Because if you're like a lot of cigarette smokers these days, you're probably concerned about the "tar" and nicotine stories you've been hearing.

Frankly, if a cigarette is going to bring you flavor, it's also going to bring you smoke. And where there's smoke, there has to be tar. In most cigarettes, the more flavor, the more "tar", except for Vantage.

You must know that Vantage cigarettes have a special filter which reduces "tar" and nicotine without destroying flavor.

What you may not know is that Vantage is also available in menthol.

Not surprisingly, what separates Vantage Menthol from ordinary menthols is that Vantage Menthol gives you all the flavor you want, with a lot less of the "tar" and the nicotine that you probably don't want.

Now Vantage Menthol is not the lowest "tar" and nicotine menthol, you'll find. It's simply the lowest one you'll enjoy smoking.

Since you're the best judge of what you like about menthol cigarettes, don't just take our word for it.

Try a pack of Vantage Menthol and then you'll know for sure.

上述 Vantage 牌香烟广告的标题是"Something for menthol smokers to think about"（值得抽薄荷烟的人深思的事）。什么事情值得人深思呢？消费者看到这里心中肯定会产生疑问，正文则围绕标题娓娓道来。正文中前三个段落为引言部分，点明了标题的原意，并引导消费者继续阅读广告。第四至第九段为主体部分，这部分立论清晰，指出了 Vantage 牌香烟的不同之处，劝导人们尝试抽该香烟。最后两段为结尾部分，奉劝消费者买一包试试，起到了促销的作用。

（三）结尾

广告结尾包含口号和商标两个部分。

口号（slogan/tag lines）又称“广告语”“广告标语”等，它是通过简短的文字来表达产品或企业的特点。广告口号的结构与标题十分类似，但目的存在差异。广告口号的目的是维持广告宣传的连续性，加深消费者的印象，使消费者形成固定的记忆，进而发挥促销作用。

广告口号用词简洁明快，多采用完整的短句形式，便于上口，而且利于消费者记忆。在广告中，口号的位置较为灵活，可位于正文前、正文中或者广告末尾。例如：

Just do it.（耐克运动鞋）

Give up my Pepsi?（百事可乐）

商标（trademark）是商人或生产商为了便于消费者识别其产品，并区别于其他产品所使用的一种标记，指的是商标文字、标志、设计或它们的任何组合。

下面通过一个完整的广告来了解广告的结构。

If sleep is an 8-hour journey, why not travel first class?

Aristocrat is the perfect vehicle to take you into a world of luxurious comfort. Exclusively hand-made by a select team of craftsmen. Your Aristocrat offers many quality features.

· All-independent suspension

Each pocketed spring in an Aristocrat works independently, so the pressing on one spring will not affect surrounding springs. This ensures that you and your partner will not be disturbed by each other's movements.

· High-tech ventilation

The polyester fiber comfort layer assists continual air circulation and ventilation of the mattress to ensure a fresher mattress at all time.

· Roll-free ride

Each spring conforms to your weight and shape while you sleep to provide outstanding comfort and support to every part of your body.

· Quiet comfort

Aristocrat's barrel-shaped pocket springs are individually wrapped in a fabric pocket. This means, even when compressed, there is no metal-to-metal contact. Hence, no spring noise and your mattress lasts longer.

· Imported upholstery

Each mattress is wrapped in exclusive, imported damask fabric for a luxurious feel, and is complemented by matching border, divan and headboard.

Aristocrat.

The Privileged Way to Sleep.

第二节 广告英语的文体特征

广告的目的是向公众传递信息,以吸引公众的目光,促使人们采取行动,所以广告英语常运用多样化的语言手段,以增强广告语言的魅力。广告英语的文体特征体现在以下几个方面。

一、广告英语的词汇特征

在选词方面,广告英语常选用一些精练简洁、生动形象、富有感染力的词语,以起到宣传、劝说、增强广告效果的目的。

(一)使用简单词汇

简单词汇简洁凝练,简短有力,而且读来朗朗上口,所以在广告英语中经常被使用。简单词汇的使用可使广告语言更具表现力和感染力,这正好与广告吸引消费者注意力、激发消费者的购买欲这一目的相符。例如:

Take time. Any time.

无论何时,享受生活。

上述宾馆广告仅寥寥数语,就将宾馆的特点充分展现了出来,令消费者对其产生向往之情。

Once tasted, always loved.

一旦品尝,爱之终生。

上述广告仅用了四个词汇就将食品的诱惑力展现得淋漓尽致,语言不仅简洁明了，而且寓意深刻。

The colorful world doesn't stop when it's nighttime.

夜晚时分，这里的世界依然五彩缤纷。

如此简洁轻松、富有感染力的语言，能使消费者产生美好的想象，对旅客在此宾馆过夜有着很强的吸引力。

（二）使用动感性动词

广告的目的是宣传商品，吸引消费者的注意力，激发消费者实施购买行为，而一些动感性动词的运用可有效达成这一目的。例如：

Nike. Just do it.

耐克，想做就做。

上述耐克广告中，do 这一动词的使用不仅体现了耐克的精神，也强调了运动本身，能有效激发消费者采取购买行动。

（三）使用形容词

广告是以语言来吸引消费者的，因此常使用一些生动形象、富有魅力的语言，而富有褒义色彩的评价性形容词和描绘性形容词就具有这一特征，这些形容词的运用能使所介绍的产品在消费者心目中产生模糊而美好的形象，这样促销的目的也就很容易实现了。例如：

Innovative décor, well-equipped guest room, elegant dining venues, attentive services and friendly smile...all these can be found when you visit the Windsors.

创新的装饰、设备齐全的客房、优雅的用餐地点、细心的服务、友好的微笑……所有的这些在温莎氏你都会感受到。

上述酒店广告采用多个形容词从不同层面和角度描述了酒店的环境和服务等，对于消费者而言，源自酒店的诱惑力是难以抵抗的。

此外，广告还常通过使用形容词比较级和最高级的形式来突出产品特点，使其区别于其他产品。例如：

Minolta, finest to put, you finest.

第一流的美能达，第一流的你。

上述美能达相机广告两次使用 finest，有效突出了相机的一流品质以及为消费者带来的一流成像效果。

（四）使用人称代词

广告服务的对象是广大消费者，所以大部分广告都具有亲和力，努力拉近与消费者的距离，而人称代词的使用可有效实现这一广告效果。例如：

As we seek to understand, we create, we enhance, we progress. And as we do so, we make the world a better place.

当我们寻求理解，我们创造，我们提高，我们前进。正因我们这样做，我们使世界更美好。

上述广告连续使用了多个人称代词 we，这一人称代词的使用会让消费者感觉很亲切，距离感会快速消除，随之产生的是对商家的信任感。

（五）使用复合词

结构紧凑、词义丰富、用法灵活的复合词备受广告英语的青睐，复合词的使用能有效体现广告的创意精神，这对吸引消费者的注意力是非常有帮助的。例如：

Evergreen. Round-the-world service.

长青，环球的服务。

上述广告，用 round-the-world 这一复合形容词来修饰 service，不仅简洁明了，而且将产品的特征体现得淋漓尽致，能有效加深消费者的印象。

（六）使用错拼

错拼这种形式在广告英语中也十分常见。故意将某个单词拼错，会给消费者一种新奇诧异之感，随后消费者的好奇心理会被激发，从而对广告加以关注，并产生深刻的印象。例如：

We know eggsactly how to sell eggs.

我们怎不知如何卖蛋。

上述禽蛋销售广告的正确拼写形式是"We know exactly how to sell eggs."。明显可以看出，错拼的广告比正确拼写的广告更能突出产品的特点，也更具有吸引力。

Drinka Pinta Milka day.

一日请喝一品脱牛奶。

上述牛奶广告的正确拼写形式是"Drink a pint of milk a day."。错拼的广告在前三个单词后面都加了一个字母a,这样的错拼形式能瞬间激发消费者的好奇心,吸引消费者的注意力,宣传效果自然更佳。

二、广告英语的句法特征

为了达到促销的目的,广告英语常巧妙、合理地运用各种句法,以使广告效果更加突出。

(一)使用祈使句

祈使句具有请求、建议、号召等功能,在商务英语广告中采用这一句式,正好能抓住消费者的心理,进而起到劝说消费者实施购买行动的目的。例如:

Have a little fruit after dinner.

饭后请吃点水果。

上述果汁饮料广告想要劝说消费者购买其产品,但并没有直接说明,而是采用了建议的方式,婉转地表达了这一目的。对于这样委婉的广告,消费者更愿意接受。

Come and sit with me a while.

过来和我坐会儿吧。

上述广告采用了具有请求口吻的祈使句,风景区的温柔与亲切都通过这样的句子表达了出来,看到这样的盛情邀请,消费者又怎能拒绝呢?

(二)使用简单句

现在的广告种类繁多,形式各异,为了在众多的广告中脱颖而出,吸引消费者的注意,并给消费者留下深刻的印象,常使用精练简短、节奏紧凑的简单句。例如:

Natural herb. Pure honey.

天然药材,纯正蜂蜜。

以上是一则蜂蜜广告,该广告通过简短的句子、朴实的表达,将产品的品质与特点充分地体现,读来使人信服。

The label of achievement.

功成名就的标志。

将名词短语当作句子使用,简洁凝练,一目了然,而且气势磅礴,能使消费者感受到其品质非凡。

It's for a lifetime.

你的人生伴侣。

上述广告语简短却语意深刻，充分体现了手表寿命之长、价值之高，给人留下了深刻的印象。

（三）使用疑问句

当看到疑问句，人们往往会被问题吸引，进而进行思考，也正是由于疑问句这一特点，广告英语中常使用这一句型。例如：

Are you going grey too early?

你的乌发是否过早白了？

上述乌发乳广告向消费者提出问题，同时语气亲切，对消费者包含关心之情，这不仅能吸引消费者的注意力，也能博得消费者的好感，使消费者乐于接受。

（四）使用并列结构

并列结构语句工整，形式对称，读来朗朗上口，将其运用于广告中，可有效提高广告的说服力和号召力，并在消费者脑海中留下深刻的印象。例如：

The choice is yours; the honor is ours.

您的选择，我们的荣耀。

上述广告句式并列，语义连贯，既赞扬了消费者选择的明智性，也说明了福特汽车的卓越性。

（五）使用省略句

广告的篇幅是有限的，为了在有限的篇幅内突出广告主题，传递丰富的信息，同时节省成本，广告中常使用简洁生动的省略句。例如：

A mild way. Make it a mild smoke. Smooth, rich, rewarding.

柔柔地吸一口，给你柔柔的烟香，无限的温柔、口感、享受！

上述香烟广告使用了省略句，表达简洁流畅，但将香烟带给人的感受表现得淋漓尽致。

三、广告英语的修辞特征

广告英语不仅注重遣词造句，也注重修辞的使用。广告英语常灵活使用各种修辞手法，以突出语言的表达效果，吸引消费者的注意力，进而达到促销的目的。

（一）使用比喻

比喻在广告文体中经常被用到，运用比喻可使所描述的事物鲜明生动，能有效唤起消费者对产品的美好心理联想。

1. 明喻

明喻是运用功能词如 like 或 as 将一物比作另一物的表达方法。在广告文体中，商家常采用明喻修辞格将产品比作消费者比较熟悉或有亲近感的事物，以使消费者产生丰富的联想，唤起消费者对商品的兴趣和喜爱。例如：

Featherwater: light as a feather.

法泽瓦特眼镜：轻如鸿毛。

以上明喻修辞的使用有效说明了眼镜的特征，具有很强的说服力，能有效促使读者采取购买行动。

Looks like a pump, feels like a sneaker.

看上去像跳舞鞋，穿起来却似运动鞋。

上述鞋子广告将要推销的鞋比作跳舞鞋和运动鞋，这样的比喻能让消费者充分感受到穿上该鞋子的舒适、柔软与轻便，在树立产品形象的同时，能有效激发消费者的购买欲望。

As soft as mother's hands.

像母亲的手一样柔软。

上述童鞋广告采用明喻修辞格将鞋子比作母亲的手，这样可使人联想到鞋子就像母亲的手一样柔软，对于激发读者的购买兴趣十分有利。

Light as a breeze, soft as a cloud.

轻如微风拂面，柔如云彩飘逸。

以上服饰广告通过明喻将服饰质地轻柔的特点充分表达了出来，很容易让读者产生穿在身上舒适飘逸的联想。

2. 暗喻

暗喻是比明喻更为含蓄的一种修辞方式。暗喻中的本体与喻体之间不用比喻词，而是直接将某一事物当作另一事物来写。暗喻是最富有诗意的一种修辞，在广告中使用暗喻能激发读者自己去理解和寻味。例如：

You are the emperor today.

今天您是皇帝。

上述是一家美国旅馆的广告，该广告将顾客比作皇帝，足以看出其服务水平之高，消费者看到之后禁不住会想去享受如此周到的服务。

Newsweek —Tomorrow's high tech office.

《新闻周刊》——明天的高科技办公室。

以上是《新闻周刊》杂志的广告，该广告将《新闻周刊》比作高科技办公室，有效地说明了该杂志的性能。

3. 换喻

换喻也是比喻的一种，但与明喻或暗喻不同，不需要将两个事物相比，而是借用伴随或附属于某一事物的另一个事物的名称来代替某事物的名称。在广告文体中恰当地使用换喻不仅可以节省篇幅，使表达新颖别致，突出事物的特征，而且能唤起消费者的联想，加强消费者对事物的印象。例如：

Wash the big city right out of your hair.

洗去你头发上大城市的污垢吧。

上述是一则洗发水广告，该广告采用换喻修辞方式，用 big city 表示 the dirt of the big city，使得语言表达生动形象，而且有效突出了产品的功能，这对消费者而言有着很强的吸引力。

He is too fond of the bottle.

他特别喜欢这种饮料。

上述广告用 he 来指代消费者，用 the bottle 指代瓶中的饮料，换喻修辞的使用不仅使得语言风趣幽默，而且能使消费者对这种饮料产生向往之情。

（二）使用拟人

拟人是把物拟成人，赋予物以人的形象。在广告中使用拟人修辞，不仅可以增强产品或服务的感染力，也能在情感上打动消费者，例如：

Wherever it hurts, we'll heal it.

不管它哪里疼痛，我们都会使它痊愈。

上述是皮包修理服务广告，该广告采用拟人手法将坏了的皮包当作受伤的人来描写，把修理皮包比作人的痊愈，这样的表达不仅生动有趣，而且能使消费者感受到服务的细腻与周到。

With 52 issues, they'll be thinking of you week after week.

52 期，期期为您着想。

以上是《新闻周刊》杂志的广告，该广告赋予了杂志人的情感，指出杂志能为人着想,这样的广告不仅生动有趣,而且能让消费者联想到该杂志内容的全面与优越。

Flowers by Interflow speak from the heart.

Interflow 鲜花诉衷肠。

上述是 Interflow 花店的广告,鲜花本身不能像人一样表达,更不能诉衷肠,但这里拟人手法的使用使得鲜花有了人的言行与思想情感,瞬间会使消费者感到亲切,觉得这样的花店富有人情味。

Unlike me, my Rolex never needs a rest.

我的劳力士不像我,它从不休息。

只有有生命的事物才会休息,没有生命的事物是不懂得休息的,上述劳力士广告显然将手表拟人化了,拟人修辞的使用不仅使语言更加有活力,也突出了劳力士手表与众不同的性能。

(三)使用排比

排比句式层层递进,能有效增加语势,而且读来朗朗上口,对于激发读者的兴趣、促使读者采取行动十分有利。因此,排比修辞在广告英语中经常被用到。例如:

Think again. Think Canon.

想的就是佳能。

上述佳能照相机广告语,通过两个句子构成排比,语言简单易懂,但意义丰富鲜明。

The moment, the memory, the dream.

销魂时刻,犹新记忆,无限遐想。

以上是某香水的广告,广告由三个名词构成排比,语言简洁,句式均衡,读来朗朗上口,而且给消费者以美的享受,使消费者联想到使用该香水后的美妙情景。

To laugh, to love, to understand each other.

共同欢笑,互相爱护,彼此理解。

上述是《娱乐世界》杂志的广告,该广告通过三个并列的动词短语突出说明了《娱乐世界》杂志的人文特点。

(四)使用双关

双关能产生幽默、含蓄等表达效果,使人产生丰富的联想。例如:

From sharp mind, come Sharp products.

一流的思想创造出夏普(尖端)产品。

上述是 Sharp (夏普)的广告,这是一个典型的谐音双关, Sharp 既表示“尖端的”,又是公司名称。巧妙地使用双关,准确恰当地宣传了产品,妙不可言。

I'm More satisfied!

我更满意了。

以上是More牌香烟广告,其中More一语双关,不仅突出了商品品牌,也起到了劝导购买的作用,而且含蓄风趣的表达更能引发消费者深思。再如:

You'll go nuts for the nuts you get in Nux.

Nux 坚果令你着迷。

(五)使用夸张

夸张是一种言过其实的修辞手法,夸张一般不注重客观事实的描述,所以正常情况下是不应该出现在以推销产品或服务为目的的广告中,但夸张的广告语言风趣幽默,能产生戏剧性效果,因此广告英语中常采用这种修辞方式来突出产品的形象,以使消费者对产品产生深刻的印象。例如:

It's ocean of fun.

欢乐的海洋。

上述是某旅行社广告,人们出门旅行是为了寻找快乐、放松心情、增长见识,这样夸大的广告语正好能迎合消费者的心理,看到这样的广告语,消费者肯定会对这样的旅游产生向往之情。

We've hidden a garden full of vegetable where you'd never expect. In a pie.

在您意想不到的一个地方,我们珍藏了满园的蔬菜,那是在一个小小的馅饼里。

上述广告将小小的一个馅饼夸大为满园的蔬菜,这样夸张的表达不仅不会让消费者反感,而且能让消费者联想到小小馅饼中装了满满的蔬菜。

(六)使用对偶

对偶这种修辞方式在广告英语中也常被使用。对偶修辞强调结构对称、语气一致、语义对照或对立。在商务广告中使用对偶修辞恰好能充分体现广告产品的特性，也能有效增强语言的气势，达到良好的宣传效果。例如：

The sun is out, the moisture is in.

外挡阳光，内留水分。

上述防晒霜广告结构对称，音律和谐，充分突出了产品的特征，对消费者而言有着极强的享受。

Once tasted, always loved.

一旦品尝，爱之终生。

广告中对偶修辞的使用使得句式完整对称，读来朗朗上口，而且便于记忆。再如：

Exclusivity sought-after by many, acquired by only the few.

皇位至尊，群雄仰盼；凤毛麟角，求之不易。（某饮料广告）

Tide's in, dirt's out.

汰渍到，污垢除。（洗涤剂广告）

（七）使用设问

广告英语中还常使用设问这一修辞手法，设问就是明知故问，不用回答，答案就包含在问题当中。使用这一修辞可有效制造悬念，引发消费者思考，同时对增强表达效果、提高宣传力度十分有利。例如：

Have you driven a Ford lately?

您最近开过福特车吗？（福特汽车广告）

设问修辞的使用能有效激发读者思考，使读者产生共鸣，促使读者继续阅读正文。

Is it live, or is it Memorex?

是现场直播还是 Memorex 录像？

以上是 Memorex 录像机的广告，该广告语言简明，提问的形式能有效引发消费者的好奇，将消费者的注意力集中到 Memorex 上，使消费者明白 Memorex 就如同现场直播一样品质优良。再如：

Wouldn't you really rather have a Buick?

难道您不愿拥有一辆别克牌汽车吗？

Is her skin really this beautiful?

她的皮肤真的有这样美吗？

Does smoking really make you look more grown up?

吸烟真能使您更显老成吗？

（八）使用仿拟

仿拟这一修辞就是模仿一些为人熟知的习语、佳句，变换其中的某些词语，而表达新的意思。使用仿拟修辞，可起到意想不到的效果。例如：

In Asia-Pacific, all roads lead to Holiday Inn.

在亚太，条条道路通假日酒店。

以上是亚太假日酒店的广告，该广告模仿了广为人知的习语“All roads lead to Rome.”，能够引发消费者强烈的共鸣，对消费者具有很强的说服力。再如：

To choose it or not? This is the time to decide.

选还是不选？该决定了。（碧丽花露水广告）

（九）使用头韵

广告追求语言效果，希望通过有特色的语言吸引消费者，达到广告目的。而头韵修辞可使语言抑扬顿挫、格调优美，读来朗朗上口，所以在广告中常被使用。例如：

A sope so special it's made for just one part of your body—your face.

上述是一则香皂广告，sope，so，special 押头韵 /s/，音韵优美和谐，显著提升了宣传的效果。

（十）使用尾韵

尾韵修辞的运用能够令读者对广告回味无穷，产生深刻的印象。例如：

Workout without wearout.

上述是一则运动鞋广告，虽然广告仅包含三个词，但这三个词之间既押头韵又押尾韵，节奏感强烈，突出了鞋的功能。

You'll wonder where the dirt went, when you clean your teeth with Pepsy-dent.（牙膏广告）

Go well, go shell.

使用壳牌汽油，保您一路不愁。（汽油广告）

The smiles across the miles.

一路微笑。（航空公司广告）

The finest sound is all around.

音色美妙，荡气回肠。（某音响广告）

第三节 广告英语的翻译原则与方法

广告的传播需要借助翻译这一媒介,但通过上述内容可知,广告英语有着独特的语言特征,这也表明广告英语的翻译并非易事,需要译者投入精力和心思,准确把握广告的语言特征,同时在科学的原则指导下,灵活采用有效的翻译方法。

一、广告英语的翻译原则

为了使翻译更加准确和规范,在广告翻译过程中,译者应遵循以下几项原则。

(一)准确、简洁原则

准确原则是指在翻译广告英语的过程中要准确无误地传达原广告的信息。如果没有准确传递,如果改变或曲解,就会误导消费者,产生不好的广告效果。可见,准确原则是广告的功能所要求的,也是广告翻译的灵魂。

简洁原则是指在翻译广告英语时尽量简化语言,用简洁的语言传达原文尽量多的信息。对此,译者就需要透彻理解原文含义,对于一些不符合译入语表达习惯的成分,可以进行省译。

(二)忠实性原则

广告的目的是宣传产品,吸引消费者的目光,激发消费者的阅读欲望,进而敦促消费者采取购买行动。所以,在翻译广告英语过程中,仅仅翻译语言是不够的,还要传递广告的信息功能和劝说功能,将原广告的目的忠实地表现出来。要做到这一点,译者在翻译之前首先要对产品和服务有一个充分的了解,包括产品的品质、价值、文化定位以及信誉度等。其次,要对广告的策划情况有所了解,即了解广告的目标市场、传播广告的媒体、广告的相关促销活动等。这样才能抓住广告的重点,进而准确进行翻译。例如:

SAVE up to 50% ON YOUR ELECTRICITY

TECH 2000 HD DELUXE CENTRAL AIR CONDITIONER

· High Efficiency— means lower operating costs.

· Our New Deluxe Central Air Conditioner — with deluxe protective features.

· Low Sound Level for That Quiet Comfort.

· Designed With Serviceability in Mind.

· 10 Year Limited Compressor Warranty.

令您省电 50%

TECH 2000 HD 高级中央空调

· 高效率——意味着更低的使用成本。

· 我们的新款豪华中央空调——具有一流的防护功能。

· 低噪声带来宁静的享受。

· 以耐用为设计宗旨。

· 压缩机保用十年。

上述是开利中央空调(Carrier Central Air Conditioner)的广告,译文将原文的基本信息以及所体现的劝说功能都充分地表现了出来,做到了对原文的忠实。

（三）统一性原则

广告英语的翻译还要遵循统一性原则,即译文与原文文体相一致,这不仅体现在再现原文的语言特点上,也体现在再现原文的感染力上。这就要求译者在翻译时既要使译文与原文在语言上做到统一,也要在表达效果上与原文相统一。例如:

I saw a city with its head in the future and its soul in the past;
I saw ancient operas performed on the modern streets;
I saw a dozen races coexist as one;
I didn't see an unsafe street;
Was it a dream I saw?
——Singapore! So easy to enjoy, so hard to forget.

我看到一个城市,她是过去与未来的结合;
我看到古老的歌剧在摩登的街头上演;
我看到不同种族融洽共存为一;
我看不到一条不安全的街道;
只疑身在梦中?
——新加坡！逍遥其中,流连忘返。

上述新加坡旅游广告的译文不仅形式与原文对等,而且语言风格、文体形式都与原文相一致,很好地遵循了统一性原则。

（四）美感性原则

广告英语有着强烈的美感性，这可以有效吸引消费者的目光，带给消费者以美的享受。同时，就要求译者在翻译过程中要遵循美感性原则。首先，要做到内容美，也就是运用不同的修辞手段来增强译文的美感，以吸引消费者；其次，要做到情感美，即译文要能触动消费者的内心，能让消费者产生美好的联想，进而接受这则广告。例如：

Good to the last drop.

滴滴香浓，回味无穷。（麦斯威尔咖啡广告）

这则广告的译文不仅准确传达了原文的基本信息，并体现出一种美感，能让人产生美好、积极的联想。

（五）重视文化差异原则

广告英语的翻译不仅要注意语言的转换，也要注意文化的交流。不同的文化有着显著的差异，所以在进行广告翻译时要重视不同文化之间的差异，以免产生文化冲突，进而影响广告效果。在翻译实践中，译者首先要把握中西文化的异同，并遵循社会文化习惯。此外，译者还要深入了解不同文化消费群体的心理变化动态，注意大众的心理接受程度，以使广告译文能被译入语消费者所接受。例如：

Not all cars are created equal.

古有千里马，今有三菱车。

上述三菱汽车的广告仿拟了美国《独立宣言》中的一句话："All men are created equal."（人人平等），这与美国人的文化心理相迎合。在译成中文时，译者并没有直接进行翻译，而是充分考虑中国文化背景，巧妙地借助中国人青睐的"千里马"形象来推广三菱汽车，这样不仅迎合了中国人的文化心理，也能让中国消费者切实感受到三菱汽车的卓越性能。

（六）创新性原则

翻译本质上是一种创造性活动，而广告翻译更需要出奇制胜，吸引消费者的目光，所以译者应遵循创新性原则，即在充分了解译入语消费者的民族心理和审美情趣的基础上，结合产品的特色，进行创造性翻译。例如：

It's not your car,
it's not your friends,
it's not your job,

it's your watch that tells most about who you are.

你的名贵爱车，

你的名流朋友，

你骄傲的工作，

都无法代表你自己，

唯有你手上的表是你的真正风采。

在翻译上述手表广告时，译者并没有按照原文的句式进行翻译，而是进行创造性翻译。译者一开始列出了“爱车”“朋友”“工作”，在吸引了消费者的注意力之后，忽然话锋一转，将之前的都一一排除。这种铺垫与转折的创新方式不仅重点强调了手表，而且能有效带动消费者的思路，加深手表在消费者脑海中的印象。

总体而言，广告翻译应兼顾音、形、义三个方面，使译文达到形美、达意、传神，符合受众国的国情民意，有效再现原文的功能、价值与魅力。

二、广告英语的翻译方法

有效方法的选用对于翻译而言至关重要，因此在翻译广告时，译者应充分了解广告英语的语言特征，以科学的翻译原则为指导，灵活选用翻译方法，从而再现原文的信息和语言魅力。

（一）直译法

广告翻译中最常用的方法就是直译法，对于一些意义明确、结构简单的广告，采用直译法进行翻译可最大限度地还原原文的内容与信息，使消费者切实感受到原广告的魅力。例如：

At 60 miles per hour, the loudest noise in the new Rolls-Royce comes from the electric clock.

时速60英里的这种新式“劳斯莱斯”轿车最响的噪声是来自车内的电钟。（劳斯莱斯轿车广告）

上述劳斯莱斯轿车广告语言质朴，构思独特，为了最大限度地保留原文的独特风格，译者采用了直译法。

（二）意译法

因文化背景的不同，英汉广告在语言表达上差异十分显著，因此广告原文的表达顺序、艺术手法等很难通过直译法进行传递。此时，就可以采

用意译法进行翻译,即对广告原文的表达形式进行适当调整,以使译文在准确传达原文含义的同时,也符合译入语表达习惯。例如:

If you're doing business in Philippines, it pays to get the pick of the crop.

从事多种事业,保管发财。

上述银行广告旨在劝说商人与其建立业务联系。很显然,译文与原文形式有着显著的差异,这就是采用意译法的结果,即根据汉语的表达习惯与表达效果对广告原文进行调整,最终展现广告的劝说功能。

(三)转译法

在进行广告翻译时,有必要根据译入语的表达习惯进行不同程度的转换,即采用转译法进行翻译。具体而言,转译包含以下三种形式。

1. 虚译与实译

在翻译广告英语时,有时需要根据读者的阅读习惯,采用虚译与实译法,以使译文符合译入语行文习惯。例如,英语虚写,汉语要实译;英语实写的地方,汉语却须虚译。例如:

Belima X, the ultra-fine microfiber, is a dream fabric that comes true.

Belima X 超细纤维使梦幻中的想象变成现实。

在原广告中, a dream fabric 是实写,但为了迎合汉语读者的心理,并便于汉语读者理解,译者对其进行了抽象化处理。

2. 转换视角翻译

因文化背景不同,相同的概念在不同的语言中会采用不同的表达方式,此时在翻译时就要转换视角,进行恰当翻译。例如:

dry goods 纺织品(不是"干货")

red eye 廉价威士忌酒(不是"红眼病")

3. 替换形象翻译

有时原文形象在译文中找不到相对应的形象来表达,此时就可以尝试替换形象,虽然形象不同,但是效果相似。例如:

Easier dusting by a s-tre-t-ch!

拉拉会长,除尘力强。

上述广告采用别出心裁的拼写方法,既突出了除尘布的牌子,也体现了除尘布的功能。汉语则采用"拉拉会长"这一形象来替代原文的形式,有效传达与原广告相同的功能。

（四）增译法

广告英语为了节省篇幅、突出中心，常会省略某些词语，但在翻译过程中为了便于译文读者理解，就要进行适当的增补和添加，将原广告隐含的意思表达出来。例如：

Elegance is attitude.

优雅态度，真我性格。（浪琴表广告）

在翻译上述广告时，译者采用了增译法，对原文的内涵进行扩充，这样不仅符合汉语的表达习惯，也符合汉语消费者的审美心理。

（五）套译法

套译法，就是借用汉语中的某些惯用结构，如诗歌、习语、口号等进行翻译。采用套译法，可使译文言简意赅，寓意深长，达到极佳的广告效果。例如：

The only thing we didn't improve was the road.

万事俱备，只看路况。

上述汽车广告原文采用的是强调句，强调除道路以外，其他一切都是完备的。针对广告原文所表达的含义，译文采用了套译法，套用了中国典故"万事俱备，只欠东风"，这样不仅易于中国读者理解，也将汽车无可挑剔的完美性充分表达了出来。再如：

Familiarity breeds contempt.

亲不敬，熟生厌。（福特广告）

Kids can't wait.

不尝不知道，苹果真奇妙。（苹果公司广告）

广告英语中可套译为汉语的四字结构的还有很多，具体如表 4-1 所示。

（六）拆译法

拆译法，即对原广告进行拆分翻译，这样可有效突出广告的重心，传达广告的隐含语义。例如：

You need the strongest line of defense against gum diseases.

用最坚固的牙线，筑起牙龈疾病最坚固的防线。

原文一个句子就表达了完整的含义，但如果译文也采用相同的形式，一是表达会啰唆拗口，二是不能有效地传递原文信息。而采用拆译法则能更好地表达原文内涵，而且也符合汉语的表达习惯。

表 4-1　广告英语中的套语

英语	汉语	英语	汉语
delightful scenery	景色宜人	exquisite craftsmanship	技艺精湛
a picturesque landscape	风景如画	jade white	洁白如玉
latest design	款式新颖	convenient to cook	烹制方便
highly polished	光洁度高	excellent quality	品质优良
out-and-out	货真价廉	fragrant aroma	芳香宜人
matchless in the world	举世无双	courteous service	服务周到
relieve heat and thirst	清热止渴	mild and mellow	口感醇厚
sophisticated technologies	工艺精良	a great variety of models	款式多样
a galaxy of fine goods	精品荟萃	highly finished	千锤百炼

（资料来源：傅敬民，2011）

（七）浓缩译法

当原广告写得不够精练，或者文本信息过剩时，在对其进行翻译时就可以采用浓缩译法，这样可使译文表达简洁精练、寓意深刻，而且便于理解和接受。例如：

Wherever you are, whatever you do, the Allianz Group is always on your side.

安联集团，永远站在你身边。（安联集团广告）

通过浓缩法译出的译文简洁凝练，但语意丰富，而且读来朗朗上口，便于记忆和传播。

总体而言，广告英语文体特征突出，语言生动，富有魅力，对其进行翻译时要深刻了解广告的含义，充分认识广告英语的文体特色，遵循科学的翻译原则，合理采用各种翻译方法，有效传达原文的信息，再现原文的功能。

第五章　基于文体学视角的科技英语翻译

科技文体是一种重要的实用文体，包括科技专著、科技使用手册、科技论文、技术规范等。科技文体在风格上往往表现出客观、科学、严谨等特点，但为了突出重要内容、增强表达效果，也会合理使用各种修辞。科技文体的翻译讲究规范，力求简明、科学，对译者有较高的要求。本章基于文体学视角详细分析科技英语翻译。

第一节　科技英语简述

一、科技英语的概念

科技英语（English for science and technology，EST）是专门用途英语（English for special purposes，ESP）的一个分支，是科技工作者在用英语传递科技信息的过程中逐渐形成的一种重要的英语语体，也称作“科技文体”。科技英语可以泛指一切论及科学和技术的书面语和口语，其中包括以下几种（刘宓庆，1998）。

（1）科技专著、科技论文、实验报告和方案、科学报道、技术规范、工程技术说明、科技文献及科技读物等。

（2）科技使用手册，包括仪器、仪表、机械、工具等的结构描述和操作规程。

（3）各类科技情报和文字资料。

（4）有关科技问题的会谈、会议、交谈的用语。

（5）有关科技的影片、录像等有声资料的解说词等。

可以说，科技英语泛指科技论文、研究报告、技术标准、科技广告、科技产品指南、科技图书、科技教材、科普读物、科技新闻等多种类型和文体。

二、科技文体的整体风格

（一）语言规范

科技文章反映的多是一些客观的事物，不允许掺杂个人的主观意识，对事物的陈述十分客观，准确，且推理严密，判断合理，恰当。此外，与文学作品不同，科技文章的语言一般都比较规范，这也是由科技文章的性质所决定的。其规范性主要表现在语法的规范性。

（二）文风质朴

科技文体不像文学文体那样富于美学修辞手段和艺术色彩，由于描述的重点是一些客观规律和自然现象，因此在语言上比较注重统一性和连贯性。总体来看，科技英语语句平衡匀密，简洁而不单调，文风质朴，文理清晰。

第二节　科技英语的文体特征

一、科技英语的词汇特征

（一）多用新造词

随着科学技术的不断发展，关于科技方面的英语论文不断发表，很多科技方面的英语著作不断问世，这在一定程度上都促使英语新造词的产生。这些新造词涉及领域广泛，且数量也在不断增多。例如：

cyberspace 网络空间
cyberian/cybernaut 网络用户
phish 网络钓鱼
investor in people 以人为本的单位
cyberphobia 电脑恐惧症
webmaster 网站维护者
executive recruiter 猎头公司

salary package 工资 + 福利薪酬

（二）多用类比词

类比词是用一些具有相同特征的事物的词汇来命名一些比较抽象或复杂的事物。例如：

bridge crane 桥式吊车
overhead crane 高架起重机，行车
loading/charging crane 装料吊车
column/pillar crane 塔式起重机
adjustable dog 可调行程限制器
stop dog 止动器
spike dog 道钉

（三）多用复杂词

英语中的复杂词（complex word）指由词缀构成的派生词。

（1）前缀法（prefixation），是利用某个前缀和词根结合构成新词。例如：

hyper-focal distance 超焦距
hyper-acid 胃酸过多的；酸过多的

（2）后缀法（suffixation），词根之后加后缀构成新词。例如：

nephrosis 肾病
filariasis 丝虫病
silicosis 硅肺
psychosis 精神病
tuberculosis 结核病

二、科技英语的句法特征

（一）使用陈述句

科技英语常叙述一些自然现象的演变及其规律，因此常常需要对定义、公式、原理等进行解释。陈述句由于表达客观、语气正式，常用来解释科技现象与原理，因此在科技英语中被大量使用。例如：

As traffic congestion spreads, increasing amounts of time and fuel are wasted. More fumes are released into the air, increasing the likelihood that cities will be covered by smog. The lives of sufferers from chest diseases are endangered. Others find that their eyes water and they have a tickling sensation in the nose. The smell of exhaust fumes increasingly covers up nicer smells and scents that are part of the pleasure of life.

随着交通拥堵的扩大,越来越多的时间和燃料被浪费。更多的废气被排放到空气中,城市被烟雾弥漫的可能性增大。胸部疾病患者的生命受到危害。其他人则发现眼睛流泪,鼻子发痒。生活中各种为生活带来美好的芳香的气味逐渐被废气的气味所掩盖。

(二)使用被动句

由于科技文章的主要目的是阐述科学事实、科学发现、实验报告等,侧重叙事推理,强调客观准确,故以客观陈述为主,使用非人称主语和被动语态能避免造成主观臆断的印象,因此尽量使用第三人称叙述,采用被动语态。例如:

The magnetic field of the dynamo or alternator can be provided by either electromagnets or permanent magnets mounted on either the rotor or the stator.

通过安装在转子或定子上的电磁铁或永磁铁,可以形成直流发电机或交流发电机所需的磁场。

The pressure vessel in a boiler is usually made of steel (or alloy steel). Stainless steel is virtually prohibited (by the ASME Boiler Code) for use in wetted parts of modern boilers, but is used often in superheater sections that will not be exposed to liquid boiler water.

锅炉的压力容器通常是用钢材(或合金钢)加工而成。实际上,现代锅炉接触液体的部件禁止使用不锈钢材质(根据美国机械工程师学会的锅炉标准),但是对于不暴露于液体锅炉水的过热器段,则往往使用不锈钢材料。

(三)使用无人称句

英语把表示有生命体的名词列为有灵名词,把表示无生命体的名词列为无灵名词。使用无灵名词做主语的句子就是无人称句。由于科技英语所描述和讨论的大部分是科技事实或科学技术的发现,尽管科技活动是人类所为,但是科技英语所报告的主要是自然规律或者科技活动的成果,因此大量使用无人称句。例如:

Automation is the use of control systems and information technologies to reduce the need for human work in the production of goods and services.

自动化是利用控制系统和信息技术，减少商品生产和服务中对人力的需求。

Most refrigerators, air conditioners, pumps and industrial machinery use AC power whereas most computers and digital equipments use DC power.

大多数冰箱、空调、泵和工业机械都使用交流电，而大多数计算机和数字设备则使用直流电。

三、科技英语的语篇特征

科技语篇不同于文学类或其他类型的语篇，它具有自身的特点和规律。了解和掌握科技英语语篇的特点对于翻译实践十分有益。下面将对科技英语的语篇特征进行介绍。

（一）多使用专业术语

科技文章的读者大都是“本专业”的科技人员，因此科技文章中专业术语使用频繁且数量多。专业术语是构成科技理论的语言基础，其语义具有严谨性和单一性。专业术语的使用可以使文章更加简洁和准确。

（二）多使用结构复杂的长句

为了表述一个复杂概念，使之逻辑严密、结构紧凑，科技英语往往使用许多长句。有的长句长达数行或数十行，包含几十个甚至上百个单词，长长的一个段落仅由一个句子构成。例如：

The development of numerical control in 1952 brought about a kind of flexibility to the metal cutting operation, therefore, at present a majority of manufacturing processes are making use of these principles in some form or the other, which allows for just in time manufacturing leading to zero inventories, zero setup times and single component batches without losing any advantages of mass manufacturing.

1952 年，数控技术的发展在金属切削加工中产生了一种柔性生产方式。因此，目前大部分制造过程都在以某种方式使用这些原理。这就使零库存、零组装、实时生产成为可能，并且可以在不失去批量生产优势的同时实现单个零件的整批生产。

The availability of computers and microprocessors has completely changed the machine tool scenario by bringing in the flexibility which was not possible through conventional mechanisms.

计算机和微处理机的应用,通过引入传统机械系统无法实现的柔性生产方式,使机床得到彻底的变革。

第三节 科技英语的翻译原则与方法

一、科技英语的翻译原则

上述一般翻译标准对于科技英语翻译也是适用的,但是由于科技英语翻译具有自身的特殊性,即科技英语翻译的目的、对象等与普通英语翻译存在明显差异,因此其也有自身特殊的翻译原则。主要总结为如下三点。

(一)简洁原则

科技英语属于实用文体,其内容主要是为了人们的生产、科研与生活实践服务,具有很强的实用性,因此在翻译时要避免运用啰唆、华丽的辞藻来进行渲染。需要注意的是,注重简洁并不等于任意删减原文信息,而是在抓住原文主要信息和强调重心的基础上,根据原文的语言风格和特点,采用简洁的目的语表达方式。例如:

Each product must be produced to rigid quality standard.

如果拘泥于原文的形式,翻译成“每一件产品都必须生产得符合严格的质量标准”,就会较口语化读起来啰唆,译为“每一件产品均须达到严格的质量标准”准确而简洁。

(二)通顺原则

通顺原则要求译者在将源语转换为译入语时,能够使用通顺明了的语言进行翻译。换句话说,通顺原则指的是译文在符合语言规则的前提下,做到通顺易懂。因此,科技英语的译文不能出现逐词死译、硬译的现象,不能出现语言晦涩的现象,而应保证清晰明了、文理通顺、结构严谨、逻辑清楚。例如:

Rubber is not hard; it gives way to pressure.

译 1：橡胶不硬，屈服于压力。

译 2：橡胶性软，受压会变形。

很明显，译 1 的句意不错，但是非常生硬，语义也不够鲜明，而译 2 不仅“准确”，还实现了“顺达”，表达地道，语域准确。

二、科技英语的翻译方法

（一）科技英语词汇的翻译方法

1. 代词翻译

代词是用来代替名词的，在句中可以用作名词所承担的句子成分。汉语中存在大量的无主句，所以，代词在汉语中的使用频率远远低于在英语中的使用频率。在科技英语汉译时，首先要弄清代词所指代的先行词，然后再采取正确的翻译方法，以避免引起歧义。科技英语翻译中，常见的代词翻译方法有：直译、省译、增译、互换和还原等几种方法。

（1）直译法。直译法就是直接翻译出代词本身的意思。这种翻译方法常见于指示代词和人称代词的翻译。例如：

At that time, no one could have developed a successful theory of the electron.

在那个时代，没有人能建立一个成功的电子理论。

（2）省译法。省去名词或代词，使译文更加符合汉语表达习惯，同时更能清晰传达原文含义。例如：

If the carbon content is increased, then:

① The melting point of steel is lowered.

② The steel becomes harder.

③ The steel becomes stronger.

④ The steel becomes more brittle.

⑤ The steel becomes more wear resistant.

⑥ The steel becomes more difficult to weld without cracking.

⑦ The steel becomes more difficult to machine.

⑧ The steel is more easily heat-treatment.

⑨ The steel becomes more expensive.

当碳含量增加时，钢的熔点降低，更硬，更强，更脆，更耐阻力，更难焊接,更难加工,更易热处理,更贵。

上述九个从句通过排比的方式排列,让人一目了然。但翻译成中文时,概括成一句话就更合适,也容易被汉语读者理解。

(3)增译法。增译代词通常是根据逻辑表达需要,在译文中增加一些泛指代词如“人们,有人,大家”等,以使译文通顺清晰。代词增译常常适用于 it is known/believed/expected/anticipated/thought/considered that... 结构中。例如:

It was found that on light clays, no-till planting may begin 1 to 2 days sooner after rain than conventional planting.

人们发现在浅色黏土地里,雨后免耕栽培可以比常规栽培提早一到两天时间。

(4)还原法。还原法指的是把代词所替代的名词或者名词短语还原翻译出来的方法,从而能够使汉语译文更加明晰。例如:

In about 3500 BC, in the Middle East, man invented bronze. This is a mixture of two metals, copper and tin, and is stronger than either of them alone.

大约在公元前 3500 年,在中东,人们发明了青铜;青铜是铜和锡两种金属的混合物,但比其中任何一种金属强度都高。

2. 介词翻译

介词是所有英语词类中搭配能力最强的词类,使用非常广泛。介词按其构成可以分为简单介词和短语介词等。

介词作为一种虚词,一般不能单独使用,而是要和名词或名词性质的词搭配使用,在句子中做表语、定语、状语等。

无论是简单介词、复合介词还是分词介词,其用法基本相同,一般可以采用以下翻译方法。

(1)直译法。介词的直译法即直接翻译出介词的含义。例如:

The waste heat from a gas turbine can be used to raise steam, in a combined cycle plant that improves overall efficiency.

来自燃机的余热可以用来提高联合循环电厂中蒸汽的温度,提高总效率。

(2)转译法。由于英汉语言的差异,英语中需要用介词表达的含义,汉语中则可能需要用其他词类来表达。因此。英译汉时,介词可以转译成汉语的其他词类。

其一,转译成动词。介词转译成动词是介词翻译中比较常见的转译方法。例如:

With direct injected diesels, injectors spray fuel through 4 to 12 small orifices in nozzles.

采用直喷式柴油机,喷油器通过喷油嘴中 4 ~ 12 个小孔板喷油。

其二,转译成形容词。介词一般和介词的宾语等构成介词短语,介词短语如果做定语修饰名词,可以翻译成汉语的形容词或"的"字结构。例如:

The transmitter in the remote control handset sends out a stream of pulses of infrared light when the user presses a button on the handset.

当用户按下遥控器上的按键时,遥控器内的变送器就发送一束红外线光脉冲。

其三,转译成连词。由于英语中介词使用频率很高,所表达的意义也是多种多样,呈现多种不同的逻辑关系,因此有时介词可以转译成连词。例如:

Due to the ability of compact fluorescent lamps (CFLs) to reduce electric consumption, many organizations have undertaken measures to encourage the adoption of CFLs.

因为紧凑型荧光灯能够降低耗电量,所以许多组织机构均已采取措施鼓励使用紧凑型荧光灯。

(3)省译法。根据语言的表达习惯,英语中需要用介词的句子翻译成汉语后,介词或许是多余的。因此,某些场合介词要省译。例如:

There are many types of bearings, with varying shape, material, lubrication, principle of operation, and so on.

轴承的种类有很多,形状、材质、润滑方式和运行原理等各异。(省译介词 with)

(二)科技英语句子的翻译方法

1. 并列句的翻译

在英语并列句中,两个分句之间用并列连词连接,用来表达等立、递进、转折、推理等逻辑关系。在对科技英语中的并列句进行翻译时,通常采取顺译法与拆译法。

(1)顺译法。并列句的翻译大都采取顺译法。例如:

At this stage sea-level westerlies are strong and zonal in character and they lie poleward of their normal position. (等立并列句)

在这一阶段,海平面上西风气流很强且属纬向性的,它们比正常位置偏向了极地。

In the first stage the jet stream lies well to the north and it takes a general west-east direction.（等立并列句）

在第一阶段急流远在其北且一般为由西向东的方向。

The double linkage between carbon and hydrogen prevents free rotation and two stereoisomers are possible depending on whether or not the hydroxyl group and hydrogen atom are over each other.（等立并列句）

碳与氢之间的双键可防止自由转动，而能否生成两种立体异构体则取决于羟基和氢原子是否相互叠置。

Sprinkling creates water particles in the air that reduce outgoing radiation，but plant temperature declines immediately on cessation of the operation.（转折并列句）

喷洒在空气中产生小水滴，它们使热辐射减小，但是喷洒一停止，植物本身温度就立刻下降。

The output power can never equal the input power，for there are always losses.（推理并列句）

输出功率绝不可能等于输入功率，因为总有损耗。

The forces exerted by liquid surface tension are partly to blame，so replacing the liquid with supercritical carbon dioxide helps to prevent the problem.（递进并列句）

部分原因是液体的表面张力所产生的破坏力，所以用超临界二氧化碳代替这种液体（聚乙烯甘醇溶液）有助于防止这种问题出现。

（2）拆译法。有时亦可采取拆译法，将一个并列句拆开译成两句。例如：

OCR technology has been in the PC domain for many years now and while basic recognition rates are almost perfect，most development in OCR software have concentrated on the tough OCR issues such as format-keeping and coping with very poor original documents.

光学字符识别（OCR）技术在电脑领域已应用多年。虽然其基本识别率已接近完美，而今其软件的研发仍主要集中在解决一些疑难问题上，譬如原格式的保留以及对不清晰原始文档的处理等。

本例为等立并列句，连词“and”后的第二个分句本身是一个并列句，另外单译成一句。

Cloning and IVF（in vitro fertilization）can produce abnormal fetuses，and biologists are starting to find why.

克隆和体外受孕可能会产生异常胎儿。生物学家们正着手寻找原因。

本例为等立并列句，连词“and”引出的并列分句常可另译一句，从而将原句拆译成两个句子。

The truth of the matter has yet to be established, but if you suffer from arthritis, you might want to give the program a try regardless of the explanation.

事实的真相还有待于证实。不过，假如你患有关节炎，你可能想试一试这个治疗方案，而不去理会有关它的解释。

本例为转折并列句，连词“but”引出的并列分句本身是一个主从复合句。

All document management systems capture and manage digitized text and other images, but recently developers have added specialized techniques for image capture, workflow management, text mining and formatting.

所有这类软件系统都能采集和管理数字化文本和其他图像。不过，开发商们新近增添了不少专项技术，用于进行图像采集、工作流程管理以及文本的采集和格式化。

本例为转折并列句，连词“but”引出的并列分句也常拆译。

2. 强调句的翻译

英语的强调句有多种表达方式，其翻译以顺译为主，但有时也须视情况而采取倒译等方法。

（1）it 引导的强调句。标准的强调句型是用引导词“it”引出的句型结构，即“it is/was...that/who...”结构。所强调的部分位于“it is/was”与“that/who”之间，其余部分则位于“that/who”之后。此结构主要是用来强调句中的主语、宾语或状语的。

翻译 it 引导的强调句时，主要有顺译和倒译两种译法。

顺译法先译强调主句部分（即“that/who”之前的部分），多译为“（正是）……”。例如：

It is these drawbacks that need to be eliminated and that have led to the search for new processes.（强调主语 these drawbacks）

正是这些缺陷需要加以消除并导致了对新方法的探索。

It is this symbol that makes flowcharts so valuable, because it directs us to different routes when necessary.（强调主语 this symbol）

正是这个符号赋予流程图以极大价值，因为它在必要时会把我们引向不同的路径。

It is this molecular motion that we call heat.（强调宾语）

正是这种分子运动我们称之为热。

It was for their discovering polonium and radium that Mrs. Curie and her husband were both awarded the Nobel Physics Prize in 1903.(强调状语)

正是由于发现了钋和镭,居里夫人和她的丈夫于 1903 年双双获得了诺贝尔物理学奖。

Who was it that invented the electric bulb?(强调疑问代词“who”)

是谁发明了电灯泡?

It is only when particles are close enough to exert relatively large forces on one another that they are able to set each other into this type of vibration.(强调时间状语从句)

只有当粒子紧密到能够相互施加较大的力时,它们才能使彼此产生这样的振动。

倒译法先译强调从句部分(即“that/who”之后的部分),多译为“……的,(正)是……”。例如:

It isn't James Watt who invented the telephone.(强调主语)

发明电话的并不是詹姆士·瓦特。

It was an astronaut that he wanted to be.(强调表语)

原先他所想当的是一名宇航员。

It is the people's interests that he is often thinking about.(强调动词短语中介词的宾语)

他经常想到的是人民的利益。

It was red that she dyed the dress.(强调宾语补足语)

她给衣服染的是红色。

Why on earth is it that no one has received his inventive idea as scientific?(强调疑问词“why”)

没有人认为他的富有创造性的见解是科学的,这究竟是为什么?

It is what you'll do, not what you'll say, that is really important.(强调主语从句)

真正重要的是你将要做什么而不是你将要说什么。

(2)what 引导的强调句。以“what”开头的主语从句引出的句式“what 从句 +be”也是一种强调句型。需要注意的是,当用来强调某一事物时,“be”动词后多跟名词或名词性短语或从句。在翻译 what 引导的强调句时,通常采用顺译法。例如:

What I said just now is that you should think before you act.(强调所说的内容)

我刚才所说的就是你应该三思而后行。

What we have been talking about is her illness.（强调所谈论的事）

我们一直在谈论的正是她的疾病。

What I should do next is to carry out the perfect plan.（强调行为）

我下一步应该做的就是执行这个完美的计划。

What is more revolutionary is that the Web can lead to greater political involvement in decision-making for ordinary people, via e-voting systems.（强调事物及其特征）

更具革命性的是，万维网可以引导普通百姓借助于电子投票系统参与较为重大的政治决策。

（3）do 引导的强调句。英语中还经常采用词汇手段，用强势助动词"do"来强调句子中的谓语动词，翻译时多译为"的确、确实"。例如：

Acupuncture is promoted as a treatment for pain — and there is absolutely no question that it does in fact provide short-term benefit for many of the people who try it.

针灸现在越来越多地被用于治疗疼痛——毫无疑问，事实上针灸的确为这一疗法的许多尝试者带来了短期效果。

3. 倒装句的翻译

英语的句式分为陈述语序和倒装语序两大类。前者是指主语在前、谓语在后的语序；后者是指全部或部分谓语提到主语之前的语序。

科技英语中使用倒装句不仅可以平衡句子结构，避免主谓语头重脚轻，还可以承上启下，使上下文连接紧凑。在某些情况下，倒装句还可用来强调，从而突出句子中的某个成分所表达的语义。

（1）完全倒装句。完全倒装，是谓语部分完全移到主语前。这类句子在翻译时大多可按倒装后的语序翻译，这样可以较好地表现原句的风格。需要注意的是，翻译过程中有时需要还原为陈述语序。

其一，there 倒装。这是指用引导词 there 引出的完全倒装句，其后的谓语动词大多为不及物动词。一般多译为无主句。例如：

There exist neither perfect insulators nor perfect conductors.

既不存在完美绝伦的绝缘体，也不存在完美无缺的导电体。

其二，分词倒装。翻译时多半仍按倒装语序处理。例如：

Surrounding the earth is a layer of air of unknown thickness.（现在分词连同其宾语置于句首）

包绕地球的是一层不知其厚度为多少的空气。

Written on the label is the model of the machine.（过去分词连同其状语置于句首）

标签上写的是这台机器的型号。

Still undergoing pilot tests is another composite fuel, a mixture of coal particles, water and additives.（现在分词连同其宾语和状语置于句首）

尚在进行中间试验的是另一种复合燃料——煤粉、水和添加剂的混合物。

其三，表语倒装。翻译时原则上仍按倒装语序照译。例如：

More intriguing is using the same pump/motor combination to create a regenerative braking system.

更为诱人的是利用这种液压泵兼马达装置来创造一个再生制动系统。

Among the noxious compounds that form after a few hours of complex chemical cookery is ozone.

经过几小时复杂的化学变化后所生成的有害化合物中就有臭氧。

此外，某些用作表语的形容词、不定式也可提至句首而引起完全倒装。例如：

To be particularly considered are the following mechanisms.

要特别给予考虑的是下列机理。

Much more important than the element itself are some of its compounds.

比这种元素本身重要得多的是它的某些化合物。

其四，状语倒装。状语倒装是指某些表示时间、地点、动作趋向的副词，或表示排序的序数词以及表示地点、方位、依据或来源的介词短语做状语时，移至句首引起的完全倒装。翻译时原则上仍按倒装方式照译。例如：

From this accidental discovery developed the enormous benefits of stainless steel.

由这一偶然的发现开发出不锈钢的巨大裨益。

First comes a gradual change in water level, the forerunner, a few hours ahead of the storm's arrival.

首先出现水位的逐渐变化，这是风暴到达前几小时的先兆。

（2）部分倒装句。所谓部分倒装，是指谓语中的一部分，即助动词、情态动词或者 be 动词移至句首，而将其余部分即实义动词或表语仍置于主语之后的情况。翻译时是否倒装须视具体情况而定。

其一，so...that 倒装。在“so...that”句型的主句中，为强调而将副词“so”连同其所修饰的词语（形容词、副词、分词等）一起移至句首而引起了部分倒装，翻译时大都需要还原。例如：

So distant are the stars from us that we see the nearest one by light that left the star four years ago.

这些星球距离我们如此之遥远，以至于我们所能看到的最近的一颗星体所发出的光早在四年前就已离开了此星。

其二，so/neither 倒装。例如：

Coal has been found in this region, and so has oil.

煤已在该地区发现，而且也发现了石油。

The frequencies higher than 20,000 vibrations per second generally cannot be heard, nor can these high frequencies normally be felt.

高于每秒两万次震荡的频率一般是无法听见的，而这样高的频率通常也是无法感觉到的。

其三，only 修饰状语的倒装。副词 only 修饰状语短语置于句首或修饰状语从句置于主句之前时，主句部分倒装。翻译时大都按倒装语序处理。例如：

Only when its melting-point temperature is reached does iron start to pass into a liquid.

只有当达到熔点温度时，铁才开始变成液体。

But only very recently have they solved the problem of finding the right conditions for making a dense deposit which will firmly adhere.

但只是在最近他们才解决了下列问题，即找出能产生具有牢固黏附作用的致密沉积物的适宜条件。

其四，否定倒装。否定倒装是指否定词、含有否定词的短语或其他含有否定意味的词语用作状语移至句首时引起的部分倒装。翻译时一般采取还原法，即按照未倒装时的自然语序理解和翻译；但有时则又各有其固定译法。例如：

Under no circumstances can we create or destroy energy.

我们绝不可能创造或消灭能量。

Not only has the probability of surprises awakened the interest, but also the fact that most of the living world and of the food-producing plants occupy the thin layer beneath the conventional observation height.

引起人们对此产生兴趣可能不仅是出自惊讶好奇，而且也是由于下列这一事实：大部分生物和大多数粮食作物都生存于这一常规观测高度以下的浅薄气层中。

Not until August 1974 did the expeditionary observations begin.

直到 1974 年 8 月考察探险活动才开始。

本例中，not until... 引出的倒装结构有其固定译法，通常译为“直到……才……”。

(三)科技英语语篇的翻译方法

语篇中上下文的逻辑关系常常需要由表示逻辑概念的衔接词来体现。这类词汇常表示时间和空间顺序、比较和对照、原因和结果、强调和总结等意义。

1. 衔接词的翻译

(1)表示附加信息的衔接词的翻译。常见的表示附加信息的过渡衔接词有 also, again, and, and then, too, in addition, furthermore, moreover, what's more, together with, as well as 等,这些过渡词都有其自身的词汇意义,一般采用直译法翻译。例如:

Also, most engines have a spill return system, by which any excess fuel from the inject, or pump and injectors is returned to the fuel tank.

另外,大多数发动机都有一个溢出回油系统,通过该系统从喷油泵和喷油嘴喷出的过多的油会回流到油箱。

Electricity gives a variety of well-known effects, such as static electricity, and electromagnetic induction. In addition, electricity permits the creation and reception of electromagnetic radiation such as radio waves.

电引起多种众所周知的效应,如静电和电磁感应。另外,电还可以产生和接收电磁辐射,如无线电波。

Lighting includes the use of both artificial light sources as well as natural illumination.

照明包括人造光源以及自然照明的使用。

(2)表示时间顺序的衔接词的翻译。常见的表示时间顺序的过渡衔接词有 now, then, before, after, afterwards, earlier, later, immediately, soon, next, gradually, suddenly, finally 等。表示时间顺序的过渡词,时间概念明确清晰,一般采用直译法翻译。例如:

Before the connection between magnetism and electricity was discovered, electrostatic generators were used.

在发现磁和电间的联系之前,人们使用静电发电机。

Automotive alternators power the electrical systems on the vehicle and recharge the battery after starting.

启动后汽车交流发电机给汽车电气系统供电并且给电瓶再充电。

(3)表示空间顺序的衔接词的翻译。常见的表示空间顺序的过渡衔接词有 around, above, below, behind, beside, beyond, far (from), near (to), outside, in front of, to the right/left 等。这类词空间概念清楚,含义明确,一般采用直译法翻译。例如:

These metals are often heated to a temperature that is just above the upper critical temperature.

这些金属常常被加热到刚刚高于上临界温度。

Around the world, there were about 806 million cars and light trucks on the road in 2007; they burn over a billion cubic meters of petrol/gasoline and diesel fuel yearly.

2007 年,全世界范围内道路上行驶的轿车和轻型卡车大约有 8.06 亿辆,每年烧掉的汽油和柴油超过 10 亿立方米。

(4)表示比较的衔接词的翻译。常见的表示比较的衔接词有 just like, just as, similarly, likewise, in the same way 等。just like, just as 一般都翻译成"正如,正像,就像"; similarly, likewise, in the same way 一般都翻译成"同样,以同样的方式"等。例如:

The module, just like the circular pitch, can be used for all types of cogs.

该模数正如齿距一样,可以用于所有类型的齿轮齿。

(5)表示转折的衔接词的翻译。表示转折的衔接词有 but, still, yet, however, nevertheless, nonetheless, conversely, in contrast, on the contrary, on the other hand, in spite of, although, even though, despite, despite the fact that, while, whereas, unlike 等。表示转折的过渡词一般采用直译法翻译。例如:

In contrast, spaces should be used as a thousand separator to reduce confusion resulting from the variation between these forms in different countries.

相比之下,应使用空格作为千位的分隔符,以避免各个国家间使用格式的变化而产生的混乱。

(6)其他衔接词的翻译。除了上述的过渡衔接词外,还有表示总结、结果、原因、解释说明、目的等的衔接词。它们用途清晰,语义清楚,一般都采用直译法直接翻译出词语的含义。例如:

表示总结的表达方式:

in a word 总之,简言之

above all 尤其是,最重要的是

after all 毕竟,终究

generally speaking 一般而言
to sum up 总之,概括地说
all in all 总而言之
finally/at last 最后,终于
in conclusion 总之,最后
in another word 换句话说,也就是说
in brief/in short 简言之
in summary 总之,概括起来
in general 总之,通常,一般而言
on the whole 基本上,大体上
as has been stated 如前所述
last but not least 最后但同样重要的
as I have shown 正如我所表明的
表示结果和原因的表达方式:
so/therefore/thus 因此,所以
as a result 因此,结果
due to 由于,应归于
as/because/for/since/because of/owing to 因为,由于
表示解释说明的表达方式:
in fact/as a matter of fact 事实上,实际上
in this case 既然这样,在这种情况下
that is to say 即,换句话说,也就是说
for example/for instance/take...as an example 例如
表示目的的表达方式:
for this reason 为此,因此,由于这个原因
for this purpose 为此,为了这个目的
so that/so as to 以便,为了
表示强调的过渡词语:
in fact 事实上,实际上
indeed 的确,确实,真正地
surely 当然,无疑,肯定地
certainly 一定,当然,无疑地
necessarily 必定地,必然地,必要地
truly 真诚地,真实地
no doubt/without any doubt 坚信,无疑

above all 首先，尤其是

most important 最重要的，首要的，最关键的

2. 复现关系的翻译

复现关系指一个词语以原有的词、同义词、近义词、概括性的词或其他形式在语篇中重复出现，语篇中的句子通过这种复现关系达到相互衔接。

（1）重复词语的翻译。词汇衔接中最简单和最直接的方式就是让具有相同语义、相同形式的词语在同一语篇中反复出现，翻译时可以采用直译法。例如：

Information technology, together with industrial machinery and processes, can assist in the design, implementation, and monitoring of control systems. One example of an industrial control system is a programmable logic controller (PLC). PLCs are specialized hardened computers which are frequently used to synchronize the flow of inputs from (physical) sensors and events with the flow of outputs to actuators and events.

信息技术与工业机械和工业生产过程一道，可以帮助控制系统的设计、执行和监控。可编程逻辑控制器（PLC）就是工业控制系统的一个例证。可编程逻辑控制器属于专用硬化计算机，常常用来将（物理）传感器和事件的输入信号与执行机构和事件的输出信号同步。

该例句中，“可编程逻辑控制器（PLC）”重复出现，实现上下文的相互衔接。

There are few chemical or physical effects, but there are many mechanical effects, which include residual stress, micro-cracks, work-hardening, and tempering in hardened materials.

很少有化学或物理效应的存在，但是有很多机械效应，包括残余应力、微裂纹、加工硬化和硬化材料中的回火效应。

该句中的 effect 在上下文中重复出现，用直译法翻译。

（2）同义词、近义词或替代词的翻译。同义词或近义词指具有相同或相近意义的不同词项或对应项的替代词，它们之间彼此呼应，对整个语篇起到上下衔接的作用。可以采用直译或重复前面已经出现的词语进行翻译。例如：

Machines are usually powered by mechanical, chemical, thermal, or electrical means, and are often motorized.

Historically, a power tool also required moving parts to classify as a machine. However, the advent of electronics technology has led to the development of power tools without moving parts that are considered machines.

机器通常是通过机械能、化学能、热能或电能方式获得动力,并且常常是机动化。

历史上,电动工具也要求有活动零件来作为机器分类的标志。但是,电子技术的出现带动了被看作机器但没有活动零件的电动工具的发展。

上例中,句中的 machine 和 tool 属于近义词项。

Former analogue-based instrumentation was replaced by digital equivalents which can be more accurate and flexible, and offer greater scope for more sophisticated configuration, parametrization and operation.

以前的模拟仪表被数字显示仪表所取代。数字显示仪表更加精确和灵活,并且能够为更加复杂的结构配置、参数化和操控提供更大的适用范围。

该例中,句中的 equivalent 替代了 instrumentation。

3. 指代翻译的一致性

为了避免同一词语的重复,英语语篇中往往会采用代词替代上文中已经出现过的名词或动词。对于语篇中代词的翻译,为了保证译文内容的清晰无误,常常可以采用还原法翻译。有时,如果语义比较清晰,也可以将代词直译。例如:

Once the transmission characteristics of a system are determined, telecommunication engineers design the transmitters and receivers needed for such systems. These two are sometimes combined to form a two-way communication device known as a transceiver. A key consideration in the design of transmitters is their power consumption, as this is closely related to their signal strength.

一旦确定了系统的传输特性,电信工程师们便设计与该系统相匹配的信号发射器和接收器。有时,这两种装置会被结合起来形成一个双向通信设备,称作收发器。由于信号发射器的能耗与信号强度密切相关,因此它就成为信号发射器设计过程中的关键。

以上语篇中的 these two 指代 transmitter 和 receiver, this 指代 power consumption,翻译时一定要厘清指代关系,保证前后的一致性。

Electronics is the branch of science and technology that deals with electrical circuits involving active electrical components such as vacuum tubes, transistors, diodes and integrated circuits. The non-linear behavior of these components and their ability to control electron flows makes amplification of weak signals possible, and is usually applied to information and signal processing. Electronics is distinct from electrical and electro-mechanical science and technology, which deals with the generation, distribution, switching, storage and conversion of electrical energy to and from other energy forms using wires, motors, generators, batteries, switches, relays, transformers, resistors and other passive components.This distinction started around 1906 with the invention by Lee de Forest of the triode, which made electrical amplification of weak radio signals and audio signals possible with a non-mechanical device. Until 1950 this field was called "radio technology" because its principal application was the design and theory of radio transmitters, receivers and vacuum tubes.

电子学是科学与技术的一个分支,它涉及电路,包括有效元件如真空管、晶体管、二极管和集成电路等。这些元件的非线性反应及其控制电子流动的能力,能够将微弱信号放大,并且经常应用于信息和信号的处理。电子学与电气和机电科技不同,后者涉及利用电线、电动机、发电机、蓄电池、开关、继电器、变压器、电阻器及其他电源元件,进行发电、配电、切换、储存和电能与其他形式的能源之间转换。这种区分大约是在1906年伴随着李·德弗雷斯特发明三极管开始。三极管的发明使得借用非机械设备就能够放大微弱无线电和音频信号成为可能。直到1950年,该领域一直被称作无线电技术。因为它主要应用于无线电发射机、接收机和真空管的理论与设计。

这段文字通过关系代词 that, which 以及指示代词 this 将上下文紧密地连接起来,保证前后逻辑的连贯性。因此,在翻译时就要清楚地分析关系代词和指示代词所指内容,做到准确翻译,从而保证篇章语义的一致性和完整性。

第六章　基于文体学视角的演讲英语翻译

演讲是一门艺术，也是一门学问，其本质就是交流，这种交流活动离不开演讲者和听众的共同参与和积极配合。演讲英语有其独特的语言特征，译者在翻译前应当充分了解这些特征，在遵循一定翻译原则的基础上采取灵活策略进行翻译。本章就对演讲英语的翻译进行具体探究。

第一节　演讲英语简述

一、演讲英语的概念

演讲英语就是演讲者借助英语语言进行的和听众之间的互动交流。[①] 作为一个学科体系，英语演讲是一门既古老又年轻的学科，集会话、修辞和表演为一体。在演讲中，演讲者需要掌握以下三方面的技能。

（1）英语会话技能。要进行演讲，口头向听众传达演讲信息，流利的英语会话技能是最基本和首要的。

（2）英语写作技能。演讲虽然是以口头单向传递的形式呈现，但它在交流信息的过程中却是演讲者与听众的一场“心理对话”，因此做到逻辑思维清晰、篇章结构严谨、语言简练优美的英语写作技能就显得尤为重要，也正是演讲的这种介于口语和书面语之间的文体使得演讲者要运用恰当的修辞手法让听众接受他的观点，从而达到传递信息、规劝说服的目的。

（3）表演技能。表演是形式，交流思想是内容，形式为内容服务，内容决定了形式。所以演讲过程中的表演是运用语言在演讲者和听众之间架起一座传递或改变信息的桥梁。

在演讲过程中，会话、写作和表演三种技能互为关联，缺一不可，同时这

① 祁寿华．英语演讲艺术[M]．上海：上海外语教育出版社，2005：2.

三种技能又始终服务于交流思想这个演讲最重要的本质。

二、演讲英语的分类

演讲英语按照不同的标准，有不同的分类。

（1）按照演讲方式，可以分为四种，即照稿宣读、背诵式演讲、即兴演讲、有准备的即席演讲。

（2）按照演讲目的，可以分为三种，即说明性演讲、说服性演讲、其他演讲。

（3）按照演讲功能角度，可以分为五种，分别是“使人知”的演讲、“使人信”的演讲、“使人激”的演讲（如马丁·路德·金《我有一个梦想》）、“使人动”的演讲（如戴高乐《告法国人民书》）、“使人乐”的演讲。

（4）按照演讲内容，主要有政治演讲、生活演讲、学术演讲、法庭演讲等类型。

（5）按照演讲的表达形式，主要有命题演讲、论辩演讲、即兴演讲三种类型。

第二节　演讲英语的文体特征

一、演讲英语的词汇特征

（一）总体特征

从总体上看，演讲英语的词汇特征体现为以下几点。

（1）恰当准确，即语言表达与题目、听众及场合相符，以标准英语为基本语言，使用正确和准确的表达方式，并根据听众的构成进行恰当调整（flexible with mixed audience）。

（2）具体生动，即不使用抽象笼统的词，而要用具体生动的材料、语言说话。

（3）简洁明快，即能简不繁，能少不多，能用简单明了的词汇就不用冗长的大词。

（4）周到得体，即在遣词表达上尊重听众的情感、文化背景和价值观等。

（二）注重词汇的层次性

在演讲英语中，词汇的层次性是被格外强调的，因为这是保证一篇演讲能否取得预定效果的关键因素。下面就对演讲英语中词汇的层次性特点进行具体解析。

1. 正式与非正式

正式词汇更适用于较正式的演讲场合，非正式的词汇则适用于较随便的、非正式的演讲场合。同样的意思，用正式和非正式词汇去表达，产生的效果大不一样。通常来说，二者是不能相混淆的，当然有意要产生幽默等特殊效果时除外。下面是同一句话用正式与非正式词汇的表达。

Judy was devastated when the professor told her that she had failed chemistry this semester.（正式）

Judy almost freaked out when the prof told her that she'd flunked chem this sem.（非正式）

2. 本义与含义

（1）本义：是一个词在文学或字典中具有的中立、客观的意义。

（2）含义：是一个词的联想意义，往往具有主观性，涉及情感和意象。

英语是一门同义、近义词很多的语言，很多词汇的基本意义是十分相近的，但在表达感情、态度等主观色彩上却有细微但不可忽视的差异。例如：

This assignment is difficult.

This assignment is tough.

This assignment is challenging.

虽然每个句子都表达了"难"与"不容易"这个基本意思，说话者的态度却有很明显的差别，用 challenging 者较之用 difficult 或 tough 者要积极得多。再看下面两组形容词，其排列的顺序基本是从褒义往贬义的方向发展，选择其中不同的词就能表达不同的含义。

determined → unyielding → stubborn → pig-headed → mulish

slender → slim → thin → skinny → bony → skeletal

3. 冗词赘语

所谓冗词，就是使用不必要的词语来表达意义。所谓赘语，就是不止一次地重复同样的意思。例如：

In the final analysis, choosing the carrier China Eastern Airline for my international flight has resulted in my realization that long-distance international flight doesn't have to be uncomfortable.

in the final analysis 之类的词语在这里听起来似乎庄重响亮，实际上是毫无意义的装腔作势，删去后句子反而利索得多，修改如下：

Flying with China Eastern Airline has made me realize that such long-distance international flights don't have to be uncomfortable.

在下面的例子中，free room and board 当然包括 free food，因而是无意义的重复，应该删去。

冗余：Persons going into the military [in the U.S.] know all the benefits that they are going to get out of it: the GI Bill, free room and board, great living, free food, etc.

修改后：Persons going into the military [in the U.S.] know all the benefits that they are going to get, such as the GI Bill and free room and board.

4. 陈词滥调

英语中的陈词滥调有很多。不过，我们并不是说绝对禁止使用这些比较陈腐的表达，只是应该尽量少用，如果用得恰到好处或者偶尔使用也无不可。例如：

cold feet
along for the ride
apple of one's eye
bring down the house
burn the candle at both ends
burn the midnight oil
cast the first stone
change horses in midstream
eat like a bird/horse
fresh as a daisy
give the cold shoulder
green with envy
handle with gloves

5. 行话和俚语

行话是指各行各业所使用的专业语言。演讲英语中很少使用非专业人士听不懂的行话。例如：

Patients suffering from viral rhinorrhea could take salicylate for treatment.

Patients suffering from cold could take aspirin for treatment.（better）

The canine quadruped possesses the potential to be on the most affectionate terms with the Homo sapiens.

The dog can be human's best friend.（better）

对于俚语的使用，则主要看具体的演讲场合、题目、听众等。对于英语不是母语的人来说，由于语言把握的难度，演讲时一般以不用俚语为好。如果为了取得特殊的效果而使用俚语，必须经过语言水准高的老师、专家或母语是英语的人士的核准，不然很可能产生不伦不类、让人不知所云的效果。

6. 伤人之语

演讲英语中一般都避免用下列左边的表达方式，而多采用右边那些更为人接受、更礼貌的表达方式。

不用或少用	常用
fat	big, heavy
stupid	mentally challenged
Negro	black, African American
Indian	native American
old people	senior citizen
postman	letter carrier
fireman	firefighter
policeman	police officer
mankind	humanity
manpower	workforce
chairman	chair, chairperson
male nurse	nurse
gal, chick	woman（adult）
man and wife	husband and wife
waitress/waiter	server

（三）模糊词语

自然语言中存在模糊性的特征。具体来说，人脑是凭借自身所拥有的模糊化思维机制运用模糊概念，进行模糊判断与推理的，反映到语言中就形成了精确性词语和模糊性词语。[①] 模糊现象在自然界、人的思维和语言中是普遍存在的，只是人们发现并重视语言模糊性的时间较晚。查奈尔（Joanna Channell）在其论著《模糊语言》（2000）中将语言的模糊现象分为三类，即模糊附加词、模糊词语、模糊蕴含；美国著名学者拉科夫（Lakoff）于1972年首次提出“模糊限制语”。我国学者伍铁平在其著作《模糊语言学》中也专门分析了模糊修辞这一重要的模糊语言现象。

在演讲英语，尤其是政治演讲英语中，演讲者惯于求助于文字句法修辞而使用大量模糊语言，或抒发情感，或引导并感染听众，以求得最佳效果。可见，模糊语言是演讲英语的一个重要特点。

在经典的英语政治演讲马丁·路德·金的《我有一个梦想》中，就有大量的模糊词语。演讲中共出现八次“one day”，这里的“one day”不是精确时间“一天”，而是模糊时间，此“one day”有下限（现在），但无上限，应译为“将来的某一天”。

二、演讲英语的句法特征

（一）避免使用太多复杂句

在英语演讲中应注意避免使用太多复杂句，以免使听众感觉疲乏而失去兴趣。请看下面的例句以及修改过后的效果。

I have spent more than a decade working with aspiring writers in southern California and around the world and throughout this period, I have realized that there are core principles and techniques that help writers get off to a fast start and today I'll help you begin the journey by explaining to you what these core principles and techniques are.

修改后：I have spent more than a decade working with aspiring writers in southern California and around the world. Throughout this period, I have realized that there are core principles and techniques that help writers get off to a fast start. Today I'll help you begin the journey by explaining to you what these core principles and techniques are.

A novel may describe a character's thoughts and feelings page after page because it's a great medium for internal conflict while a stage play,

---

① 陈海贝. 英语政治演讲中的模糊语言现象及翻译——以马丁·路德·金《我有一个梦想》为例 [J]. 长春教育学院学报，2014（2）：49.

such as soap operas and sitcoms, is almost exclusively verbal and a movie, on the other hand, is primarily visual even though it will contain dialogues and it may even deal with internal things because it is primarily a visual medium that requires visual writing.

修改后：A novel may describe a character's thoughts and feelings page after page. It's a great medium for internal conflict. A stage play, such as a soap opera or a sitcom, is almost exclusively verbal. A movie, on the other hand, is primarily visual. Yes, it will contain dialogues and it may even deal with internal things, but it is primarily a visual medium that requires visual writing.

(二)避免使用过多简单句

除了避免重复使用复杂句，演讲英语中也尽量避免使用一长串的简单句，以给人造成头脑简单、思维不成熟的负面印象。请看下面的例句以及修改过后的效果。

I am excited. I am looking forward to the end of this semester. I am planning to take a trip to China to visit my parents. I haven't seen them for a year now.（四个简单句）

修改后：I am excited and looking forward to the end of this semester. I am planning to take a trip to China to visit my parents whom I haven't seen for a year now.（一个简单句和一个复杂句）

There was a long line at the bookstore, and the clerk was rather slow, and Bob waited for a while, and then decided to leave.（三个简单句，由 and 连接）

修改后：Since the line at the bookstore was long and the clerk was rather slow, Bob waited for a while and then decided to leave.（一个复杂句）

(三)使用主动语态

听众在听演讲时通常没有足够多的时间细细体会句子的含义，因此使用主动句更能让人理解，更富有威力。也就是说，演讲英语中多使用主动语态，而较少使用被动语态。例如：

被动句：Leonard was rushed into the operating room.（听众无法得知是谁将他送进了医院。）

主动句：The three hospital attendants and the ambulance driver rushed

Leonard into the operating room.（从中听众可了解原来是医院里的三位工作人员和救护车司机将他送进了医院。）

被动句：The workers were criticized for their high absentee rate.（没有明确是谁批评的。）

主动句：The new corporate vice president criticized the workers for their high absentee rate.（句子主语明确了“批评者”。）

三、演讲英语的修辞特征

（一）明喻

明喻是一种最简单、最常见、最活跃的修辞方法。明喻的基本格式是“A 像 B”，常用的比喻词有 like, not unlike, it was a bit like, be likened to, as, as if, seem, as though, as it were, the way (in which), as comparable to, be compared to, be similar to, be akin to, be analogous to, be something of, A is to B (what or as) C is to D 等。在演讲英语中使用明喻可以强化语言的感染力和信息的传播效应，同时能帮助听众更好地理解文字内容。例如：

Happiness is like sunshine: it is made up of very little beams.

幸福就像阳光，它是由非常细小的光束构成的。

Though he's a big guy, his handshake is as soft as that of a woman.

虽然他是个大块头，握手却和女人一样温柔。

（二）暗喻

暗喻是根据两个事物间的某些共同的特征，用一事物去暗示另一事物的比喻方式。暗喻的本体和喻体之间不用比喻词，只是在暗中打比方，直接把一种事物名称用在另一事物上，从而更生动、更深刻地说明事理，增强语言的表现力。

在暗喻中充当喻体的成分可以是一个单词、一个词组、一个句子，它们在暗喻句子中做主语、谓语、定语、表语、宾语或状语。暗喻的表达方式灵活多变，有喻体全隐式、喻体半隐式以及喻体直陈式三种类型。暗喻在英语演讲文体中也经常出现，例如：

Habit is a cable; every day we weave thread, and soon we cannot break it.

习惯是缆索，每天我们都编上一条线，不久我们便扯不断了。

The scientist must not be a spider or an ant, but a bee.

科学家不应该是一只蜘蛛或者蚂蚁,而应该是一只蜜蜂。

(三)夸张

运用夸张的修辞手法进行描写,可以使形象更生动突出,渲染气氛,烘托意境,唤起人们联想,从而给读者留下深刻印象,取得强烈的艺术表达效果。在演讲英语中适当使用夸张,可以充分发挥语言的感染功能,不过需要注意的是,夸张不能违背情理,更不能脱离实际。例如:

I have a thousand and one things to do.

我有许多事情要做。

My left leg weighs three tons.

我的左腿有千斤重。

We were tired to death on reaching the peak.

我们爬到山顶后,简直要累死了。

Life is happiness, each minute might have been an age of happiness. (Dostoevsky)

生活就是幸福,每一分钟都能拥有无穷无尽的幸福。

The flakes were falling thick and hard now, pouring past the window a waterfall of mystery.

雪现在下得又厚又猛,好似神秘的瀑布在窗外倾泻。

(四)反复

在演讲文体中适当地使用反复修辞可以使听众更加清楚演讲重点。例如:

Study history, study history. In history lies all the secrets of statecraft.

学习历史,学习历史。历史中有一切治国之道。

We shall go on to the end, we shall fight in France, we shall fight on the seas and oceans, we shall fight with growing confidence and growing strength in the air, we shall defend on the beaches, we shall fight on the landing grounds, we shall fight in the fields and in the streets, we shall fight in the hills...

我们将坚持到最后,我们将在法国国土上作战,将在各处海洋上作战,我们的空中力量将越战越有信心,越战越强,我们将誓死保卫祖国,我们将在滩头上作战,在敌人登陆地作战,在乡村田野、城市街头作战,我们将在山中作战……

（五）排比

在演讲中恰当地使用排比结构，可使演讲语言平衡而富有韵律，既能有效强调要点，又能给人留下深刻印象。例如：

We are resolved to destroy Hitler and every vestige of the Nazi regime. From this nothing will turn us—nothing. We will never parley, we will never negotiate with Hitler or any of his gang. We shall fight him by land, we shall fight him by sea, we shall fight him in the air until, with God's...

以上是希特勒侵犯苏联的时候，丘吉尔发表的一篇著名演讲。这一段演讲词铿锵有力，现在听起来仍荡气回肠。虽然只有短短的五六句话，但由于使用了排比和反复结构，因而有着极佳的修辞效果，听起来让人感到兴奋不已，充分体现了英国人民抵抗希特勒纳粹势力的决心和勇气。

（六）层进

“层进”的英语对应词为 climactic order，其定义为：“Climactic order is the arrangement of phrases or clauses in order of increasing importance to produce a dramatic effect.”。层进有三个显著特点：首先，在结构上有一系列并列的词语或从句；其次，并列的词语或从句至少有三项；最后，并列的词语或从句之间按照一定的内在联系，通过一系列反复的形式，或由浅入深，或由小到大，或由弱到强，依次递升，最后到达顶点或高潮。[①]例如：

And for the support of this Declaration, with a firm reliance on the protection of divine Providence, we mutually pledge to each other our Lives, our Fortunes, and our sacred Honor.

上面这段引自由托马斯·杰斐逊起草的《独立宣言》，其最后三个名词词组就是按层进结构安排的。

We have petitioned—we have remonstrated—we have supplicated—we have prostrated ourselves before the throne, and have implored its interposition to arrest the tyrannical hands of the ministry and Parliament.[②]

上述是美国革命领袖帕特里克·亨利在《维吉尼亚州换届前的演讲》

① 刘爱勤．英语层进修辞赏析[J]. 时代文学，2009（3）：109.

② 汪德华．英语系列语及修辞浅析[J]. 华北水利水电学院学报：社会科学版，2002（4）：104.

(*Speech Before the Virginia Convention*)中的一段陈述。其中用了四项式分句系列语来列举“我们”为维持与英国的和平相处所做出的诸多努力:从请愿到抗议,到哀求,直至匍匐在英王面前乞求中止英国内阁及国会的暴行,催人泪下,而作者的语气也从平和到哀怨,到愤怒,直到忍无可忍。这样的效果是真正打动了听众,进而达到号召大家团结起来战斗的目的。

四、实例分析

上述我们详细介绍了演讲英语的词汇、句法、修辞等特征,这里就通过对奥巴马在2012年11月大选中成功连任后的演说进行分析,帮助读者更好地理解演讲英语的语言特征。

从总体上看,奥巴马演说词的文体符合演讲英语的大部分语言特征,但奥巴马没有使用大词难词,他面对的听众是美国民众,政府官员还有世界其他民众,文化程度不一,理解能力差异大,因此更多地运用了小词传递尽可能多的信息,用词短小,简练易懂。奥巴马在演说中运用了很多排比、对偶结构,以显示宏伟气势,但语言平实多于华丽,鲜用比喻。同时奥巴马为凸显自己的亲和力,使用了很多缩略语,表明他在跟普通民众面对面交谈。

(一)句法

1.句型结构

奥巴马在演讲中擅用长句,含有30个词以上的句子有26个,其中40个词以上的句子为9句,其中最长的一句话达到64词,例如:

It moves forward because you reaffirmed the spirit that has triumphed over war and depression, the spirit that has lifted this country from the depths of despair to the great heights of hope, the belief that while each of us will pursue our own individual dreams, we are an American family and we rise or fall together as one nation and as one people.

在这句中,主句简练,从句复杂,是由because引导的原因状语从句,在原因状语从句中,宾语是三个名词,前两个宾语都带有一个定语从句为后置修饰语;第三个名词带有同位语从句,而在同位语从句中,又是一个并列复合句。长句结构复杂,使演讲语意连贯,酣畅淋漓,演讲者挥洒自如,一气呵成。但奥巴马也能做到长短结合,10个词以下(包括10个词)

的短句为37句。短句言简意赅,易于传诵,具有强调和突出的功能,使演讲简明易懂,短句的运用让人感到演讲者干练有力。例如:

It moves forward because of you.

短短六个词,奥巴马不仅表达了美国在不断发展进步,而且这一步都是归于了美国人民自己。让听者不禁热血沸腾,言虽尽意无穷。

But all of you are family.

奥巴马感谢自己的竞选团队和志愿者,把他们称作家人,语言朴实,情真意切,都是一家人,彼此相帮,时不我待。

长短句交替运用,浑然成一体。由于篇幅有限,我们节选最后六段说明。

1. I have never been more hopeful about America. 2. And I ask you to sustain that hope. 3. I'm not talking about blind optimism, the kind of hope that just ignores the enormity of the tasks ahead or the roadblocks that stand in our path. 4. I'm not talking about the wishful idealism that allows us to just sit on the sidelines or shirk from a fight.

5. I have always believed that hope is that stubborn thing inside us that insists, despite all the evidence to the contrary, that something better awaits us so long as we have the courage to keep reaching, to keep working, to keep fighting.

6. America, I believe we can build on the progress we've made and continue to fight for new jobs and new opportunity and new security for the middle class.

7. I believe we can keep the promise of our founders, the idea that if you're willing to work hard, it doesn't matter who you are or where you come from or what you look like or who you love. 8. It doesn't matter whether you're black or white or Hispanic or Asian or Native American or young or old or rich or poor, able, disabled, gay or straight, you can make it here in America if you're willing to try.

9. I believe we can seize this future together because we are not as divided as our politics suggests. 10. We're not as cynical as the pundits believe. 11. We are greater than the sum of our individual ambitions, and we remain more than a collection of red states and blue states. 12. We are and forever will be the United States of America.

13.And together with your help and God's grace we will continue our journey forward and remind the world just why it is that we live in the greatest nation on Earth.

以上六段中,共有313词,13句,按照整个英语的平均含词量17.6词/句这个标准来划分的话,少于这个标准的有4句,高于这个标准的句子有8句。其中9句为复合句,1句为并列句。第3、第6、第8、第13句,有两个复合句;第4、第10句有一个复合句,第5句,有四个复合句,第7、第9句,有三个复合句。演讲长句多于短句,复合句较多。

2. 名词词组

在奥巴马的演讲中名词的后置修饰语比较复杂,其中定语从句有52处,同位语从句5处。在以上节选的13句中,有五个名词词组带有定语从句,一个名词带有同位语从句;有九个名词词组带有后置词组修饰。有十个名词带有前置形容词修饰语。在奥巴马的演讲中,修饰成分以定语从句居多,少量运用了动名词短语或不定式短语。现列举出演讲中所用的做后置定语的动词不定式短语和分词短语:

the right to determine its own destiny

the chance to talk to folks

a chance to argue about the issues

the chance to cast their ballots

the difficult compromises needed to move this country forward

more work to do

an opportunity to not just talk to the father

the crowd listening to that father's story

health care reform passing just a few months before

the courage to keep reaching, to keep working, to keep fighting

3. 动词词组

这篇演说中的动词词组的结构比较简单,时态以一般现在时为主,有一般过去时,现在完成时和一般将来时为辅助时态。作者多使用状语从句作为动词的修饰语,偶尔使用动词不定式做状语。例如:

we can work together to move this country forward

I have never been prouder to watch the rest of America fall in love with you

you're growing up to become two strong, smart beautiful young women

have swept aside their differences to help a community

so proud to lead as your president

（二）人称代词

在演说中使用人称代词，具有实现话语人际意义的功能。人称代词能够体现主体看待客体的态度，有助于建立主体和客体之间的一种特定的关系。在奥巴马的演说中，使用最多的是第一人称代词复数，全文中，“we”出现了47次，“us”13次。使用“we”以建构和维系演讲者和听众之间的关系，把说话人放到听众的立场，同时把听话人拉到说话人的一边，使听话人感到亲近，从而更容易得到听众的支持，具有较强的人际意义。演说中，“you”出现了35次，这一突出现象，体现了奥巴马独有的讲话风格。在运用第二人称时，表明演讲者在跟听众直接对话，体现了总统的亲和力。“I”出现27次，少于第二人称，演讲人无论在提到自己的政治主张，社会发展，还是未来的梦想时，都是把自己和听众联系在一起的。在所选段落中，使用“I”，8次，主格“we”，10次，宾格“us”3次，物主格“our”4次；使用第二人称“you”主格，8次，宾格，1次。最后这部分运用“I”较多，主要是因为在表明自己的决心和信心。

在正式语篇中，不用缩略词，在奥巴马的演说词中，用了很多缩略词，使其有了口语化的特征，使其演说更有亲和力，拉近了和听众的距离。例如：I’m, we’ll, you’ll等。

（三）修辞手段

在演说中，使用较多的修辞手段是排比，对偶和反复等。排比句音韵和谐，极富感召力和鼓动性，对偶是运用在情感或意义上对立的词，相得益彰。

1. 排比

首先对排比的定义进行说明。王佐良先生认为，“把结构相同或相似、意思相关、语气一致的几个词组或句子并列使用，称为排比”，他认为排比一般由“三项或三项以上语句构成”。秦秀白先生在阐释排比时，虽然没有说明由几项词组或句子组成，但是他给出了这样一个例子：I kissed thee ere I killed thee，即两项就能构成排比结构。在奥巴马的演讲中，三项以上的排比共16处，两项短语或句子构成的排比为29处。

在以上列出的段落中，奥巴马连用“I believe...”句式，每一段以“I believe”开始，构成了段落的排比，而每一段中又运用短语排比，重申自己的信仰，在经济衰退时期，在向民众表明自己的决心，也告诉每个人，在美国无论何种种族、身份和肤色，只要努力，任何具有伟大抱负的人都可以实现自己的梦想。他的这段演说和马丁·路德·金的演说《我有一个梦想》(“I Have a Dream”)有异曲同工之妙,也是“美国梦”的延续。

2. 对偶

把两个或把字数相近、结构相同、意义相关的两个词组或并列从句对称地排列在一起,用于表示两者的对比或对照关系,这种特殊的并列为对偶。对偶句形式上工整匀称,节奏鲜明,互相映衬,语言凝练。

在整篇演说中,有六处对偶,比如在开篇奥巴马赞颂了美国人的精神:“the spirit that has lifted this country from the depths of despair to the great heights of hope”(是那种精神把我们国家从绝望的深渊带向希望之巅)。以下是文中的对偶:

(1)...voted for the very first time or waited in line for a very long time.

(2)...would rather cut their own pay than lay off their neighbors, and... who would rather cut back their hours than see a friend lose a job.

(3)I'm not talking about blind optimism, ... I'm not talking about the wishful idealism.

(4)...black or white or Hispanic or Asian or Native American or young or old or rich or poor, able, disabled, gay or straight.

(5)...no one who fights for this country ever has to fight for a job or a roof.

3. 反复

在演说中,词语或短语的反复有很多,在此重点列举三个。首先是动词短语“move forward”。奥巴马三次重复这一短语,能够表达出他所领导的美国是在不断进步的,在民众心里树立起了对美国的信心。第二个是“the best”,奥巴马三次使用“最好”这个词,来感谢支持他的大选团队和志愿者们,认为他们是最棒的,对他的获胜,他们功不可没。而“I believe”的重复,则表明了奥巴马的决心和信心,同时鼓舞人心。

(四)语音手段

在奥巴马的演说中,多次使用押头韵。例如:

“depths of despair”,“heights of hope”

这两个短语不仅结构对称,意义对照,而且分别押头韵。押头韵的例子还有很多,例如:

“pounded the pavement or picked up the phone”,“strong, smart”, “small, silly”, “through tough times”, “lives up to its legacy as the global leader”

值得一提的是：

“Reducing our deficit. Reforming our tax”

“Fixing our immigration system. Freeing ourselves from foreign oil”

上面这两组动名词短语，运用得恰到好处，奥巴马为了强调即将面对的挑战，需要解决的任务，把动名词短语运用为独立的句子，每两句的动名词不仅押头韵，尾韵，而且音节相等，前两个词，为三个音节，后两个词为两个音节，读起来朗朗上口，听起来铿锵有力。再如：

That isn't burdened by debt, that isn't weakened by inequality, that isn't threatened by the destructive power of a warming planet.

这一句话句法上是排比结构；语义上是渐进（climax），即在排列语言成分时，根据由浅入深、从小到大、从轻到重、由少到多、从低到高的原则选择恰当的词语，使语义层层递进；动词的选择也是匠心独运，都是双音节押尾韵。整个句子气势贯通，富有感染力。

通过以上分析可见，奥巴马的胜选演说不仅博得了美国人的支持和信心，而且展现了他个人的风采和卓越的政治才能，正如美国前国务卿克里所说，没有人比奥巴马总统更能体现“美国梦”了。他无论在阐述观点还是文字修饰方面都颇具功力。但是相比罗斯福和马丁·路德·金等人的演讲，奥巴马的演讲没有使用大词、长词和抽象词汇，并且运用了很多缩略语，这使演说有口语化的倾向。一个原因是时代的不同，约翰·买赫特认为 20 世纪 60 年代美国反文化（counter-culture）潮流使正式英语逐渐衰亡；对真实和个性的崇尚导致了正式演讲、诗歌等的消亡，在英语口语及写作中，谈话要胜于演讲，自然表达要强于语言技巧。当前的语言运用趋势决定了奥巴马的演说词特点会不同于 20 世纪 60 年代之前的演说特点。但是无论时代如何变迁，优秀的演讲词都具有文学欣赏价值和美学意义。分析演讲词的文体特征，有助于掌握演讲词的语言特点，还有助于提高英语的理解和欣赏能力。

第三节　演讲英语的翻译原则与方法

一、演讲英语的翻译原则

（一）准确性原则

准确性原则是指译文应当忠于原文的内容与形式。具体来说，在翻译过程中，译者除了要了解原文的内容，也要把握原文的语言特征，尽量将原文的内容与风格原汁原味地呈现给译文读者。

此外，在修辞与风格方面，由于不同的演讲者性情不同，所采用的修辞手段也不相同，有人喜欢引经据典，有人喜欢引用数学等理科方面的知识来阐述自己的观点，有人则喜欢借用文史哲等领域的知识阐发理念。有些演讲者喜欢平铺直叙，另一些演讲者则喜欢用丰富多彩的修辞手段来辅助自己的演讲。无论哪一种修辞或风格，译者都要细心体会，认真模仿，努力使自己成为作者，只有这样译者才能较好把握原文的气势，这是准确译出原文精神的关键。例如：

Instead of making social critiques, we are more and more engaging in self-critique, sometimes to the point of self-destruction.

我们不是去批评社会，而是越来越多地进行自我批评，有时甚至到了自我毁灭的地步。

原文中，演讲者的语言简明易懂，具有口语化的特点。在译准词义的同时，译文注意了与原文的风格同步，即做到了语言简洁通俗、明白晓畅。

（二）整体性原则

所谓整体性，是指译者要把原文作为一个整体来对待，除了形式方面要格外注意，译者还要把握整体的语气、韵味、用词特点等方面，只有全面把握整篇的布局和特点，才有可能使译文再现原文的整体效果。

（三）灵活性原则

所谓灵活性，是指译者要根据两种语言、两种文化的差异，本着“力求易懂”的原则，在不改变原文内容、尽量保持等值效果的前提下，对原文中不符合译语表达形式，或不符合译语文化、风俗人情的修辞手法和表达方法进行灵活处理。这样做，仍然是为了使译文最大限度地忠实于原文。

二、演讲英语的翻译方法

（一）直译为主，兼用意译

演讲具有瞬时性，需要听众短时间内理解演讲内容，接收演讲信息。因此，演讲的遣词造句多简洁明了，结构相对简单。在翻译过程中，应多采用直译法，保留原文的形式，原汁原味地再现原文内容。必要的时候，辅以意译，保证译文符合目的语的表达习惯。例如：

I am not here to inspire you. I am here to tell you that we have been lied to about disability.

译文 1：我到这里不是来激励你们的，我来这儿是要告诉你们，我们对残疾有所误解。

译文 2：我到这里不是来激励你们的，而是要告诉你们，我们对残疾有所误解。

上述译文中，译文 1 是直译，直接将第二个 I am here 翻译出来，重复了前面的内容。译文 2 是意译，将第二个 I am here 省略了。实际上，两个译文的意思并没有什么区别。但是，前者的重复表述准确传达了原文的意思和表现形式，强调了演讲者来此的意图，能更好地表现出原文的思想和意味。且直译能够将文中采用的对照的修辞手法完整地体现出来，使译文更为准确适切。

（二）顺译为主，兼用逆译

在翻译过程中为了保留原文的风格和语言结构特点，译者应尽量采用顺译法。有时，需要调整语序进行翻译，以使译文连贯准确。例如：

Most of them had knowingly committed the offenses that landed them in prison, and they had walked in with their heads held high, and they walked out with their heads still held high, many years later.

他们大多数都是明知故犯，最终锒铛入狱。他们高昂着头走进监狱，多年后，他们依然高昂着头走出监狱。

如果上述例句采用顺译法，会使得译文不符合汉语的表达习惯，而且译文显得啰唆，缺乏简洁和连贯性。因此，译者采用了逆译法，根据汉语的逻辑语序进行了调整，以使译文更加简洁流畅。

（三）拆译为主，兼用合译

在演讲英语中，长句占据了大量篇幅，短句则巧妙地与之结合，为演讲增色不少，同时为其翻译增添了不少困难。在翻译过程中，译者可采用拆译法，根据中文多流水句和短句的特点，将长句根据意群分割为几个短句，再将其依据逻辑顺序进行调整，以使译文更加准确、顺畅、连贯。对于文本中几个短句连用或是长短句结合的情形，必要时译者可联系上下文，采用合译法使译文更简洁、结构更紧密。例如：

I want to live in a world where we don't have such low expectations of disabled people that we are congratulated for getting out of bed and remembering our own names in the morning.

我想生活在这样一个世界里，在这里，人们不会对残疾人有如此低的期待，不会因为我们早上能够起床、能够记起自己的名字就得到人们的祝贺。

上述原文属于主从复合句，虽然句子比较长，但结构清晰，且无词汇理解障碍。因此，在翻译该句时，译者按照意群合理断句，并稍做调整，译文既传达了原文内容，又符合汉语表达习惯。

第七章　基于文体学视角的诗歌、小说翻译

随着文学理论以及翻译研究的不断深入，越来越多的学者将研究的视角转向了文学文体，由物质层面提升到精神层面，从实用功能转移到审美功能，文学翻译研究不断向多样化发展。其中，诗歌与小说是文学文体的重要组成部分，诗歌与小说的翻译研究也是文学译界研究的重要内容。本章将对基于文体学视角的诗歌与小说翻译进行探究。

第一节　基于文体学视角的诗歌翻译

诗歌是一种运用高度精练、有韵律且富有意象化的语言来抒发情感的文学形式，是具有一定外在形式的语言艺术。诗歌用优美的形式表达思想，传递情感，可以咏志，可以言情，可以表意。诗歌翻译是沟通世界文学艺术的一个重要渠道，也是促进诗歌发展的重要方式。本节将对基于文体学视角的诗歌翻译进行探究。

一、诗歌简述

诗歌是一种重要而且古老的文学形式，诗歌艺术的发展在很大程度上也影响着整个文学艺术的繁荣。通过诗歌，人们可以充分展现个人情怀，包括对人生的感叹，对情与爱的抒发等。诗歌之所以具有如此大的力量就在于其能够引起人的审美愉悦感，唤起欣赏者强烈的情感共鸣。

早在春秋时期，我国著名的思想家、教育家孔子就在《论语·阳货》中对诗歌的功能进行了总结，并高度赞扬了诗歌："小子何莫学夫诗？诗可以兴，可以观，可以群，可以怨。迩之事父，远之事君，多识于鸟兽草木之名。"其中的兴、观、群、怨的诗学理论在当时具有开创性的意义，时至今日都影响巨大。以下就对其进行简要分析。

"兴"指的是"起"，也就是对道德情感的激活。就艺术创作而言，诗

歌与音乐是最需要激情的。所以,诗人与音乐家在创造作品过程中,通常会唤起曾经体验过的情感,同时将其转化为诗句和韵律将这种情感传递出来,引发读者和听众的共鸣,这就是移情。

“观”指的是“观察”“考察”。孔子认为,诗歌可以展示人的心理和情感,也可以反映特定时期群众的心理和情感,并且能展现当时社会风俗的盛衰。

“群”指的是“合”。孔子认为,人们通过赋诗可以彼此交流情感,维持和谐的人际关系,进而可以使国家内部团结,甚至可以使国与国之间相联结。

“怨”是指诗人可以通过诗歌排解忧愁,发泄怨恨。

孔子的这一诗学理论全面概括了诗歌的社会意义和功能。

学者周方珠也对诗歌的功能和意义进行了总结:“抒发诗人之情,言明骚人之志,教化平民百姓,洞察时世民情,反映民众意愿,怡悦读者身心。”①

二、诗歌的文体特征

诗歌可以通过或优美、或朴实的语言传递出最真实的情感,有着特殊的感人魅力。诗歌的魅力是形式与内涵的完美结合与高度统一,表现出独特的风格特征与美学特征。

(一)形式与风格特征

1. 结构形式少变

英语诗歌文体的发展与演变有其独特之处,相较于其他文学形式,诗歌的形式与语言的演变较为缓慢。其中,十四行诗这一形式就是一个经久不衰的范例。意大利首先出现了用十四行、抑扬格、五音步作诗的形式,16世纪中传入英国,并受到当时文人的宠爱,莎士比亚、斯宾塞等诗人都创作出著名的十四行诗。18世纪,十四行诗逐渐没落,但后来又被浪漫派诗人济慈、华兹华斯等人所复兴,以后许多诗人也多有采用。从十四行诗的发展可以看出,英文诗歌的形式相较于其他文体演变比较缓慢。就具体形式而言,英语诗歌主要有传统的四行体、六行体、八行体、十四行体、颂歌体、斯宾塞诗节、无韵诗、挽歌体等。

① 周方珠.文学翻译论:汉、英[M].北京:中国对外翻译出版有限公司,2014:189.

2. 语言风格独特

从16世纪开始，英文诗歌的风格就有着不同的时代特色。当时，诗歌的语言多呈现朴素自然的风格，与人们的生活用语相贴近。到17世纪下半叶，古典主义风格开始盛行并确立，当时很多诗人都采用“英雄双行体”的诗歌形式，这种形式韵律整齐，句法明确，用词妥帖，可以说语言风格完美。同时，这一时期的诗人钟爱并且善于运用比喻和典故，对古希腊罗马的作家和诗人尤为推崇。到18世纪，诗人开始脱离古典主义的道路，开始使用朴素自然的语言来抒发情感，浪漫主义在文艺领域逐步确立。19世纪中叶以后，诗歌领域又出现了现代派的新风，一些诗人开始用更加自由的诗体来抒发情感，甚至有些诗人用不规范的语言（如俚语）来写诗歌，以获取不一样的效果。

（二）美学特征

诗歌是一种文学性程度很高的文体，而且有着高境界的美学特征，具体表现为音韵美、文辞美、意境美和意象美。

1. 音韵美

诗歌最主要的表达方式就是通过音韵的辅助，形成一种回环美。而且，这些有着音韵美的诗歌更能表达作者的思想与情怀。所以，作为诗歌审美特征的音韵美，能使作者的内心与诗歌的声音完美融合，从而使诗句极具美学效果，增强诗歌的美感，利于作者情感的抒发。诗歌的这种音韵美主要体现在诗节、押韵和节奏等方面。

20世纪以前，英语诗歌常按照一定的规律，即依照若干诗节的方式进行创作，诗节中行数不等，每行中均包含多个音节，并按照一定的形式进行排列。诗歌的押韵形式主要有头韵、尾韵和中间韵。传统的诗歌非常注重这种结构的变化，通过不同形式的元音以及摩擦音等方式来增加诗歌的节奏感，从而使诗歌更加优美。其中，爱伦·坡（Allan Poe）的《乌鸦》以及托马斯·格雷（Thomas Gray）的《乡村墓园挽歌》等将音韵美发挥得淋漓尽致，让读者读完后有余音绕梁之感。

2. 文辞美

诗歌的文辞美主要体现在对词语和修辞的应用上。选词的精妙可有效扩大语言的表达空间，还能激发读者的审美想象，引导读者进行更深层次的推敲和理解。诗歌作为文学瑰宝，其语言都是经过诗人反复推敲和锤炼后诞生的。例如，庞德的《地铁车站》的第一稿有30多行，最后浓缩为短短的十几个词:“The apparition of these faces in the crowd; /Petals on a wet, black bough.” 再如,济慈的《秋颂》中, plump, set, swell, fill 等一系列动词的运用,不仅生动地展现了秋天的丰实与慷慨,而且达到了美化语言的目的,极具感染力。

巧妙地运用修辞手法,不仅可以美化生涩的语言,还能将诗人的满腹情怀含蓄地表达出来,使得诗歌的韵味更加隽永绵长。在诗歌中,比喻、拟人、夸张、反复、排比等修辞手法经常被使用。

3. 意境美

诗歌意境美的产生主要是诗人通过将自己的思想情感与所描绘的风景完美地融合在一起,达到情景交融,再用语言表达出来。诗歌的美妙之处也体现在诗歌的意境美上,通过与意象相结合,可以产生美感。创造意境也可以说是诗歌的命脉,通过深奥高远的意境的营造,不仅可以生动地展现诗歌的内容,还能给人带来精神和思想上的享受,使人获得心灵上的审美愉悦,达到思想上和情感上与诗人的交流。例如,罗伯特·弗罗斯特《未选之路》与《雪夜林边小驻》所呈现的静谧与沉思,拜伦的《她在美中行》中的素雅与纯真,华兹华斯《我好似一片孤独的流云在游荡》中的闲适与欢欣等,每首诗歌都洋溢着一种意境美,给人充分联想的空间,让人深刻感悟诗歌的情趣与精神。

4. 意象美

意境是诗歌命脉,而意象则是诗歌最深处的灵魂。所谓意象,就是寓意之象,是通过客观的事物承载主观的情愫。诗人常常将自己的所思所想寄托在一定的意象之中,从而达到“言有尽而意无穷”的效果。读者只有充分理解诗歌的意象,才能深刻感悟诗歌的美妙之处。将意象发挥到淋漓尽致的莫过于20世纪初期的意象诗派诗人,他们多采用鲜明的意象、新奇的句法创作诗歌,使诗歌富有意象美。例如,威廉·卡洛斯·威廉斯的《红色手推车》就是一个典型的例子。

The Red Wheelbarrow

so much depends
upon

a red wheel
barrow

glazed with rain
water

beside the white
chickens

红色手推车

这么多东西依
靠

一个红轮
手推车

晶莹闪亮着雨
水

旁边是白色的
小鸡

上述诗歌其实十分简短，但作者将其拆分成了四个诗句，而且诗句参差不齐，排列精妙，就像车身与车轮一样一长一短。红色的小推车、透亮的雨水、白色的小鸡形成了一幅鲜亮的画面，鲜活地呈现在人们眼前，使人不禁感悟到平凡的事物也如此的美好。

三、诗歌的翻译方法

就文学文体的翻译而言，诗歌翻译的难度最大，因为诗歌中的诗意和音韵美等很难翻译。但这并不说明诗歌不能翻译，只要在诗歌翻译中注意以下几方面，就能准确译出诗歌的内涵与韵味。首先，要了解诗歌的内涵，也就是抓住诗中的意象及其背后的意义，这是准确传达原作意蕴的基础。其次，要具有丰富的想象力。诗人在创作诗歌时常会充分发挥自己的想象力，然后通过想象的语言进行表达，对此译者也要具有丰富的想象力，进入诗人的想象情境，透彻领会其中的意境。最后，深入理解诗歌所蕴含的情感。诗人常会借助生动的语言抒发自己的情感，诗句往往有着很强的情感色彩，对此译者要怀揣与诗人相同的情感，通过动情的语言忠实地展现原作的情感。在把握上述几个要求的基础上，译者还要掌握并合理运用翻译方法，这样可使翻译更加高效。

（一）准确传达意义

诗歌翻译首先要准确传达原文的思想内涵，使译文符合译入语的表达习惯，以便于译文读者理解。形式与内涵同等重要，但如果在保留形式的基础上无法有效传达诗歌的含义，此时就要舍弃形式，在直译的基础上进行必要的调整，即采用调整翻译法进行翻译。

（二）充分还原美感

通过上文可以了解到，诗歌无论在形式上、韵律上、文辞上还是意境上，都有着极强的美感，因此译者需要在准确传达原文的基础上充分还原原文的美感，从而使译文读者获得美的享受。具体而言，译者可采用以下几种翻译方法。

1. 形式翻译

很多诗歌的形象与思想都密切相关，诗人往往会通过恰当的表现形式来充分表达自己的思想情感。在翻译这类诗歌时，就要采用形式翻译法，使译文与原文形式保持一致，以传递原文的形式美，保留原文的韵味。

形式翻译要注意两点。首先，要保留原文的诗体形式。诗体形式分为定型形式和非定型形式两种，前者对字数、行数、平仄、韵式等要求比较严格，能够反映独特的民族文化特点；后者所呈现的外在形式表征着诗情的流动和凝定。在翻译时，译者要将原文所包含的文化特性与诗学表现功能传递出来。其次，要保留原文分行的艺术形式。不同的诗行形式演绎着各不相同的诗情流动路径，体现着作者各种各样的表情意图。翻译时，译者应充分考虑诗歌分行所产生的形式美学意味。例如：

40-LOVE

Roger McGough

middle　　　aged
couple　　　playing
ten-　　　　nis
when　　　 the

game　　　　ends
and　　　　they
go　　　　home
the　　　　net
will　　　　still
be　　　　be-
tween　　　　them

四十岁的爱
罗杰·麦克高夫

中　年
夫　妇
打　网
球　打
完　后
回　家
走　回
到　家
中　这
网　依
旧　把
人　分
左　右

上述原文是形式与内容的完美统一，译者完美地将上述特征逐一体现出来。

2. 解释性翻译

解释性翻译是介于调整翻译与形式翻译之间的一种翻译方法，它强调在保留原诗形式美的基础上，要传递原诗的意境美和音韵美。

在音韵美方面，要求译作忠实地传递原作的音韵、节奏以及格律等所体现的美感，确保译文富有节奏感，且押韵，动听。在意境美方面，要求译诗与原诗一样可以打动读者。首先，要再现原诗的物境，即诗作中出现的人、物、景、事；其次，要保持与原诗相同的情境，即诗人所传递的情感；再次，要体现原诗的意境，即原诗诗人的思想、意志、情趣；最后，要确保译入语读者获得与原文读者相同的象境，即读者根据诗作的“实境”在头脑中产生的想象与联想之“虚境”。[①]

在进行解释性翻译时，译者要注意语言与文化方面的问题，译者要尽量创作与原文在形式、音韵、意境上相对等的作品。

（三）进行再创造

诗歌再创造就是译者从原始的形式或思想出发，使用译入语对原诗进行的再创造。严格来讲，这很难说是一种翻译。读者在阅读这类作品时，与其说喜欢原作，不如说是喜欢译作。根据拉夫尔的观点，它其实是一种杂交的形式，既不是原诗，也不是翻译，但是有其存在的价值。这种翻译对译者具有极高的要求，因此在翻译实践中使用较少。

下面通过两个具体实例来整体了解一下诗歌的翻译。

Hawk Roosting

Ted Hughes

I sit in the top of the wood, my eyes closed.
Inaction, no falsifying dream
Between my hooked head and hooked feet:
Or in sleep rehearse perfect kills and eat.

The convenience of the high trees!
The air's buoyancy and the sun's ray
Are of advantage to me;
And the earth's face upward for my inspection.

My feet are locked upon the rough bark.
It took the whole of Creation
To produce my foot, my each feather:
Now I hold Creation in my foot

Or fly up, and revolve it all slowly—
I kill where I please because it is all mine.

① 张保红. 文学翻译[M]. 北京：外语教学与研究出版社，2010：94.

There is no sophistry in my body:
My manners are tearing off heads—

The allotment of death.
For the one path of my flight is direct
Through the bones of the living.
No arguments assert my right:

The sun is behind me.
Nothing has changed since I began.
My eye has permitted no change.
I am going to keep things like this.

译文：
栖息的鹰
台德·休斯

我栖于树顶，紧闭着双眼。
一动不动，从我钩状的头和
钩状的爪之间没有空幻的梦：
或在睡眠中排练捕杀的绝技，吃掉猎物。

高踞树端多么方便！
空气的浮力和太阳的光线
都对我有利；
大地仰面躺着任我巡视。

我的两爪紧抠住粗粝的树皮。
需用整个造物的力量
创造出我的爪，我的每根羽毛；
我正将造物攫在爪中，

或凌空飞起，绕着它缓缓盘旋——
我能随意捕杀因为它完全属于我。
在我的身上用不着诡辩术：

我的方式是撤掉脑袋——

分配死亡。
我的飞行之路直接
穿越活者的骨肉。
无须为我的权利论证:

太阳在我后面。
自我诞生后一切均无改变。
我的眼睛不允许有任何改变。
我要永远保持这种状态。

(顾子欣 译)

London

William Blake

I wandered through each charter'd street,
Near where the charter'd Thames does flow,
A mark in every face I meet,
Marks of weakness, marks of woe.

In every cry of every man,
In every infant's cry of fear,
In every voice, in every ban,
The mind-forged manacles I hear.

How the chimney-sweeper's cry
Every blackening church appals;
And the hapless soldier's sigh
Runs in blood down palace-walls.

But most, through midnight streets I hear
How the youthful harlot's curse
Blasts the new-born infant's tear,
And blights with plagues the marriage-hearse.

译文：

伦敦

威廉·布莱克

我走过每条独占的街道，
徘徊在独占的泰晤士河边，
我看见每个过往的行人
有一张衰弱、痛苦的脸。

每个人的每声叫喊，
每个婴孩害怕的号叫，
每句话，每条禁令，
都响着心灵铸成的镣铐。

多少扫烟囱孩子的喊叫
震惊了一座座熏黑的教堂，
不幸士兵的长叹
像鲜血流下了宫墙。

最怕是深夜的街头
又听年轻妓女诅咒！
它骇住了初生儿的眼泪，
又带来瘟疫，使婚车变成灵柩。

（王佐良 译）

第二节　基于文体学视角的小说翻译

文学作品翻译为各国读者充分了解世界文化开启了一扇重要的窗户，它使得一个国家的文学和文化以另外一种文字形式传向世界。在众多的文学翻译中，小说翻译可以说是数量庞大的一种。小说通过典型的环境描写、动人的故事情节安排和鲜明的人物形象塑造来传达一定的道德伦理情感。通过阅读小说翻译作品，可以充分了解国外人们的思维，并借鉴他们的文学营养。本节将对基于文体学视角的小说翻译进行具体探究。

一、小说简述

(一)小说的定义

关于小说的概念其实是很难界定的。根据《辞海》中的解释,"小"的释义之一是"地位低微";"说"可以释义为"讲"或者通"悦"。《现代汉语词典》(第5版)的解释是:"一种叙事性的文学体裁,通过人物的塑造和情节、环境的描述来概括地表现社会生活的矛盾。一般分为长篇小说、中篇小说和短篇小说。"但这样的解释并没有包含"小说"一词的所有内涵。

"小说"的英文表达有两个:fiction和novel。据考证,英语第一次使用fiction一词是在16世纪,原始意义是"制造出来的事物",以区别于原生态的事物。英文novel一词源于意大利语novella一词,意为"一件新异的小东西""新闻""闲聊"等。"新"是相对于"旧"而言的,当然就含有一个认知过程的问题。可见,无论是fiction还是novel,其言外之意是能有助于培养人的认知能力。

伊恩·瓦特(Ian Watt)洞察到18世纪英国作家丹尼尔·笛福、塞缪尔·理查逊、亨利·菲尔丁在虚构故事文学形式方面的创新,在《小说的兴起》(*The Rise of the Novel*)一书中特用novel一词来概括他们的作品,以区别于传统的"散文虚构故事"(prose fiction)。瓦特注意到,他们所创造的作品是基于社会生活现实的,但他们讲述故事的方式是新颖的、新奇的,这就出现了现代意义上的小说。

总而言之,小说是以艺术形象为中心任务,通过叙述和描写的表现方式,在讲述部分连续或完整的故事情节并描绘具体、生动、可感的生活环境中,多方位、多层面、深刻且具象地再现社会生活的面貌。

(二)小说的要素

1. 人物

在小说中,人物就是小说中的角色。就对小说人物的分类,现代小说常将人物分为"圆型人物"和"扁型人物"。圆型人物是作者围绕某一个单独概念所创造出来的,性格较为复杂,心理活动比较丰富。扁型人物的性格和心理发展缺少变化,较为单一。通常,小说人物的性格、气质、行为、道德和情感等都是通过小说语言来表现的。

2. 情节

英美高校通用的《诺顿文学导论》(*The Norton Introduction to Literature*)对情节的解释是:"简单地说,情节是行为的一种组织安排方式,行为是一个或一系列想象的事件。"情节常常包括五个部分:开端、发展、高潮、逆转、结束。

3. 环境

环境是指小说中事件发生的时间和地点等。无论是小说的时间环境还是地点环境都是多变的,如小说可以是当代的、过去的,也可以是将来的,小说可以发生在室内、室外,也可以发生在乡村、城市等。

4. 主题

小说的主题也就是小说的目的。小说通过主题传达思想情感、道德价值判断、时代风貌等,通过主题组织人物情节和叙事手法等。可以说主题是支撑小说的支柱,读者通过阅读小说,不仅能获得快乐,还能明白事理,扩大视野。

5. 叙述视角

叙述视角就是叙事时的角度。按照人称可以将叙述视角分为三种:第一人称、第二人称、第三人称;按照范围可以将叙述视角分为四种:全知型、参与者型、旁观者型和听众型。然而,有时人称会与叙述范围交织在一起,这就增加了判断小说叙述视角的难度。

6. 基调

小说基调是所有要素形成的感情综合效应,具有复杂多变性。有的小说基调欢快,有的小说基调悲怆,有的小说基调幽默,有的小说基调讽刺。但是,一部作品的主要基调只有一种,围绕主基调常常有多个次基调。[①]

二、小说的文体特征

(一)使用形象与象征手法

小说一般很少通过抽象的议论或直述其事来表达观点和情感,而是

① 何其莘,仲伟合,许钧.高级文学翻译[M].北京:外语教学与研究出版社,2009:202-208.

多采用意象、象征等手法来形象地展现观点和情感。

为了让读者有更加深刻的体会和感悟，使读者产生身临其境之感，作者常会采用形象的语言来描绘一些具体的场景、事件和人物，即将抽象具体化，用有形体现无形。作者通常会通过词语表达来体现这一特点，具体地说是准确用词，使用限定词和修饰语。在准确用词方面，如果作者想要表达一个人走路的动作，他不会仅仅使用 walk 这一普通词，而是在表达形态各异的行走的动词中选择一个最为贴切的，如 stagger, hobble, loiter, stride, march, pace, trudge 等。作者多使用限定词和修饰词，也是为了增加描述的准确性和具体性，如读劳伦斯的"Odour of Chrysanthemums"的开头一句："The small locomotive engine, Number 4, came clanking, stumbling down from Selston with seven full wagons."（四号小火车的车头拖着七节装满货物的车厢，从赛尔斯顿方向趺趺撞撞地开了过来，一路上发出叮叮咣咣的声响），就如见其形，如闻其声，仿佛身临其境，如果用抽象的词汇进行描述，恐怕就很难让读者有这样的感受。

象征手法在小说中经常被使用，象征常通过用启发、暗示的方式激发读者的想象，以有限的语言表达丰富的言外之意和弦外之音。

采用形象与象征手法，可有效启迪暗示，表情达意，进而显著增强小说的文学性和语言感染力。

（二）注重讽刺与幽默效果

小说在表达道德和伦理等教育意义时，一般不直接说明，而是采用讽刺的方式表示，这样可以得到强化意图的目的。幽默对增强语篇的趣味性有着重要作用。讽刺和幽默的效果一般要通过语气、音调、语义、句法等手段来实现，它们是表现作品思想内容的重要技巧。

（三）句式复杂多变

小说语言要生动活泼，活灵活现，跌宕起伏，这样才能吸引读者阅读。对此，作者常会在句式上下功夫，如长短句交替使用，圆周句与松散句相互结合等。

（四）人物语言个性化

小说要刻画鲜明的人物形象，人物语言是展现人物鲜明形象的重要途径之一。小说人物的性格、身份、教养等各不相同，有的文雅，有的粗俗，对此作者就会通过不同的语言来展现不同人物的个性，这也是作者塑造人物形象的重要手段。读者通过这些语言,可以了解某一人物的性格,甚至推测到有关这一人物更多的情况。

(五)广泛运用修辞格

文学作品是语言的艺术,作家就要通过语言来更好地展现作品,来传神达意,所以相较于其他文体,文学作品中使用修辞格是最多的,如比喻、拟人、夸张、双关等十分常见。例如:

The pit bank loomed up beyond the pond, flames like red sores licking its ashy sides, in the afternoon's stagnant light.

上述选自劳伦斯的小说《菊馨》,作者将火焰比作红红的疮疡,比喻虽然十分简单,却能使读者产生深刻的印象,让读者有切身的感受,起到了一语双关的作用。可见,这种语言的精妙就在于修辞格的巧妙使用。

重复这一修辞在小说中也常被使用,这在海明威的小说《雨中猫》中有明显的体现。海明威小说素以简洁洗练著称,在这部小说中却运用了许多重复表达,这些重复构成了小说的突出特征,吸引了读者的注意力,在此摘取几例说明重复的运用对刻画人物形象、突出小说主题的作用。《雨中猫》讲述的是:一对美国夫妇在意大利一家旅馆留宿,一个阴雨天,丈夫躺在床上看书,妻子站在窗边眺望风景,无意中看见窗外有一只猫蜷缩在一张已被雨水淋湿的绿色桌子下躲雨,顿生恻隐之心,决定把那只雨中的猫抱回房间,然而等她出去以后,猫却不见了踪影;当妻子失望地回到房间后,女服务员送来一只大玳瑁猫,说是旅馆老板送给妻子的。

当妻子寻猫无果回到房间后,丈夫在看书,她向他倾诉自己对猫的渴望时,丈夫的反应是看书,对她的愿望没有任何理睬。在文中,妻子重复了三次“I want it so much”,表达自己强烈的渴望,渴望拥有那只消失不见的猫。在百无聊赖之际,她走到梳妆台前,拿起一面镜子仔细端详自己:“She studied her profile, first one side and then the other. Then she studied the back of her head and her neck.”她开始讨厌剪得像男孩子般的短发,讨厌看起来像个男孩,“I get so tired of it”,“I get so tired of looking like a boy”,这是她女性自我意识的觉醒,她要把头发梳得光滑平整,盘起一个大大的发髻,“I want to pull my hair back tight and smooth and make a big knot at the back that I can feel”,她希望自己温柔贤惠,获得丈夫的爱怜。可是丈夫对她的态度却是大男子主义观念支配下的冷漠。在孤独寂寞中,她需要找寻某种东西来陪伴自己,那只雨中的猫是她同病相怜的对象,成为她乏味生活的憧憬与希望,因此她想要保护它、照顾它、关心它。这只猫象征着她的命运和处境,暗示了她自己希望被照顾和关心的强烈渴望,“I want to have a kitty to sit on my lap and purr when I stroke her”。即使这样的表白都没有引起丈夫的任何反应,她开始宣泄自己的情感,作者用了更多的重复句式,来表达妻子极度的压抑情绪,“And I want to eat at a table with my own silver and I want candles. And I want it to be spring and I want to brush my hair out in front of a mirror and I want a kitty and I want some new clothes.”,妻子一口气说了一连串的互不相干的愿望,像在为自己的命运呐喊,要改变自己的处境,改变外表,改变地位,改变她与丈夫在家庭中的关系,但是在这个家庭中没有平等可言,丈夫是绝对的唯我独尊,妻子的哀求和绝望换来的是丈夫一句“shut up”而已。妻子的诉求在达到高潮时,又陡降下来,“‘Anyway, I want a cat,’ she said. ‘I want a cat. I want a cat now. If I can’t have long hair or any fun, I can have a cat.’”。这句话更是耐人寻味,如果不能有长发,就养一只猫吧,长发是女性的标志,自身的权利,可是这基本的权利都被剥夺了,女性的意识被男性社会的主体意识所淹没和替代,留发和养猫,这两个小小的愿望竟然不可兼得。

(六)采用不同的叙述形式

小说的创作者,即作者会采用不同的叙述方式来描述故事情节。通常作者会从两个角度入手,即第三人称和第一人称。第三人称就是通过讲故事人的口气来描述故事,第一人称就是以故事中的一个人物的口气描述故事。

(七)叙述时空混乱

这一文体特点主要体现在一些现代派的小说中。在一些现代派的小说中,一些作家追求心理现实的刻画,常使得时空变得模糊,人物思维错乱,语言毫无逻辑,无条理、不完整的句式很多,也给读者的理解带来了很大困难。

三、小说的翻译方法

小说是对社会现实的反映,所以翻译小说还需有宽广的知识面,具备丰富的社会文化知识,同时要具备一定的文学鉴赏能力,必备一定的母语表达能力,既能对源语意会,又要能用译入语传达原文信息。

(一)传译原文风格

每一部小说都有着不同的风格,或轻松活泼,或幽默辛辣。在翻译小说作品时,就要充分把握小说的风格,根据作者的创作意图和个性,准确传达原文内容,同时重视再现原文的艺术风格。翻译一部小说时,即使语言再通顺,内容再准确,如果风格偏离原文,也不能算作好的翻译。例如:

"Let me just stand here a little and look my fill. Dear me! It's a palace—it's just a palace!...it makes me realize to the bone, to the marrow, how poor I am— how poor I am, and how miserable, how defeated, routed, annihilated!"

"让我在这儿站一会儿吧,我要看个够。好家伙!这简直是个皇宫——地道的皇宫!……还叫我深入骨髓地看到我自己穷到了什么地步——我多么穷,多么倒霉,多么泄气,多么走投无路,真是一败涂地!"

上述是马克·吐温的《百万英镑》中的一段话。通过该段文字明显可以看出马克·吐温的轻松幽默的语言风格。在翻译时译者也准确把握了作者的语言特点,采用与之相对应的口语化语言,充分再现了原文的艺术效果。

(二)实现功能对等

很多小说的内涵并不是靠语言的表面意思表达出来的,而是隐含在字里行间。译者在翻译小说时,如果按照原文意思直接翻译,将会使读者不知所云,不仅不能传达原文的意思,也会失去作者的本义。针对那些有着隐含意义的句子,译者可以采用意译法进行翻译,这样不仅能确保译文通顺流畅,也能让读者明白原作的真实含义,使译文和原文达到功能对等。例如:

The kids preferred Jack's truck too. Only Molly loved this old girl of hers. She was always alone.

孩子们更青睐杰克的卡车。只有莫利一个人喜欢她的旧卡车。从来没人赞成她的这种喜好。

直译是翻译的有效方法,但其运用要视情况而定。上述"She was always alone."直译后的意思是"她总是孤独一人"。这样翻译虽然没有语法错误,但会给人一种她孤僻、难以相处的感觉。这样就偏离了作者想要表达的思想,即她总是与家庭中其他成员的观点不同。对此,译者采用了意译法,将其译为"从来没人赞成她的这种喜好"。实现了功能对等。

（三）再现人物性格

小说都十分重视对人物的刻画，因此在翻译过程中要准确把握小说人物的特点，精心选词，寻找和使用恰当的表达方式，才能使读者通过阅读译文而对原文人物的特点产生深刻的印象。例如：

Do you think I can stay to become nothing to you? Do you think I am an automation?—a machine without feelings? and can bear to have my morsel of bread snatched from my lips, and my drop of living water dashed from my cup? Do you think, because I am poor, obscure plain, and little, I am soulless and heartless? You think wrong!—I have as much soul as you—and full as much heart!

你难道认为，我会留下来甘愿做一个对你来说无足轻重的人？你以为我是一架机器？——一架没有感情的机器？能够容忍别人把一口面包从我嘴里抢走，把一滴生命之水从我杯子里泼掉？难道就因为我一贫如洗，默默无闻，长相平庸，个子瘦小，就没有灵魂，没有心肠了？——你想错了！——我的心灵跟你一样丰富，我的心胸跟你一样充实！

上述原文为读者呈现了一个自强自爱、要求平等的简·爱，主人公的精神和个性得到了充分的体现。基于这一因素，译者在遣词造句和语气上都必须精心雕琢，以准确地再现原文主人公的形象。

（四）传达原文语境

语境是小说的重要组成要素，即小说故事发生的具体场合。相较于语义，语境的翻译更加困难，因此译者要仔细分析原文语境，分清总体语境和个别语境，进而采用恰当的语言准确翻译。例如：

It was Miss Murdstone who has arrived, and a gloomy looking lady she was; dark, like her brother, whom she greatly resembled in face and voice; and with very heavy eyebrows, nearly meeting over her large nose, as if, being disabled by the wrongs of her sex from wearing whiskers, she had carried them to that account. She brought with her two uncompromising hard black boxes, with her initials on the lids in hard brass nails. When she paid the coachman she took her money out of a hard steel purse, and she kept the purse in a very jail of a bag which hung upon her arm by heavy chains, and shut up like a bite. I had never, at that time, seen such a metallic lady altogether as Miss Murdstone was.

（Charles Dickens, *The Personal History of David Copperfield*）

来的不是别人，正是枚得孙小姐。只见这个妇人，满脸肃杀，发肤深色，和她兄弟一样，而且嗓音也都和她兄弟非常地像。两道眉毛非常地浓，在大鼻子上面几乎都连到一块儿了，好像因为她是女性，受了冤屈，天生地不能长胡子，所以才把胡子这笔账，转到眉毛的账上了。她带来了两个棱角峻嶒、非常坚硬的大黑箱子，用非常坚硬的铜钉，把她那姓名的字头，在箱子的盖儿上钉出来。她发车钱的时候，她的钱是从一个非常坚硬的钢制钱包儿里拿出来的，而她这个钱包儿，又是装在一个和监狱似的手提包里，用一条粗链子挂在胳膊上，关上的时候像狠狠地咬了一口一样。我长到那个时候，还从来没见过别的妇人，有像枚得孙小姐那样完全如钢似铁的。

（张谷若 译）

该例选自狄更斯的《大卫·科波菲尔》。这段文字描写了枚得孙的姐姐兼管家刚到科波菲尔家时的场景。可以看出，作者对此人物是持否定态度的。根据作者的态度，译者在遣词造句时就要注意体现其观点，努力再现原文的情景。例如，将 gloomy looking 译为“满脸肃杀”，将 uncompromising 译为“棱角峻嶒”等。

（五）解决语言差异

英汉两种语言的表达方式差异显著，为了解决这种差异问题，在小说的翻译过程中就要适当采用一定的翻译方法，如增词法和语序调整法等。

1. 增词法

小说中为了表达需要常会省略某些词语，这样的省略对于英语读者不难理解，但对于汉语读者将有理解难度。因此，译者在翻译时就要采用增词法译出原文省略的词语，从而使译文符合汉语的表达方式，利于汉语读者理解。需要注意的是，增词必须根据实际情况，要做到增词不增义。例如：

Enough trees had been felled to throw heaven off kilter, and she could still hear the ringing of the logger's saws.

译文 1：足够的树被砍伐，使山失去了美丽的姿色，并且她仍然能听见伐木工人锯片发出的声音。

译文 2：伐木工人们砍伐了很多树，使山失去了美丽的姿色，并且她仍然能听见伐木工人锯片发出的声音。

很明显，译文 1 是对原文的直译，但这种翻译并不符合汉语的表达习惯，不利于读者的理解。而译文 2 对原文进行增词处理，主语的增加使得句子首尾相对应,而且也准确传达了原文的含义,便于读者理解。

2. 语序调整法

小说的句式往往比较灵活,再加上英汉语序表达的差异,所以在翻译时就要进行适当的语序调整,甚至要颠倒原文的语序,进行逆译。例如:

Catherine had inherited the ranch from mother when she was only twenty-five, and she'd passed it on to Jack and Molly ten years earlier, bringing them from their home in San Diego.

凯瑟琳仅25岁时从她母亲那里继承了这个农场,她在10年前将杰克和莫利从圣迭戈带过来,又将这个农场交给了他们。

如果按照原文语序进行翻译,译文结构会十分混乱,不符合汉语的表达习惯,因此译者采用了语序调整法,将最后的分词状语提前,这样句式结构更符合汉语的表达习惯,而且更加严谨,便于读者接受和理解。

下面通过两个具体实例来整体了解一下小说的翻译。

The Lemon Lady

(节选)

Katiti

We called her the "Lemon Lady" because of the sourpuss face she always presented to the public and because she grew the finest lemons we had ever seen, on two huge trees in her front garden. We often wondered why she looked so sour and how she grew such lemons—but we could find out nothing about her. She was an old lady—at least 70 years of age, at a guess, perhaps more.

One day we answered an advertisement for a flat to rent, as we had been asked to vacate ours as soon as we could, and when we went to the address given, it was the house of the Lemon Lady.

She did not "unfreeze" during the whole of our interview. She said the flat would not be ready for occupation for about a month; that she had 45 names on her list and might add others before it was ready and then she would just select the people who seemed to suit her best. She was not antagonistic, just firm and austere, and I gathered that we were not likely to be the ones selected.

As my husband and I were leaving, I said: "How do you grow those wonderful lemons?" She gave a wintery smile, which transformed her whole expression and made her look sweet and somehow pitiful.

"I do grow nice lemons," she replied. We went on to tell her how much we had always admired them every time we had passed, and she opened up and told us quite a lot about this fruit. "You know the general theory of pruning, I suppose?" She asked.

"Oh," said my husband, "I understand about pruning fruit trees and roses, but you must not prune lemons, or so I understand." He added these last words when he saw from the Lemon Lady's expression that he had said the wrong thing.

"No," said the Lemon Lady, "you must not prune lemons unless you want them to grow like mine. What is the reason for pruning?"

"Well, to cut off dead or diseased wood; to prevent one branch chafing another; to let the sunlight into the centre of the bush and to promote the growth of the more virile buds."

"Very nicely put," said the Lemon Lady. "and why do you think that lemons are better with dead or diseased wood on them; why should you not let sunlight into them; why should allowing many sickly buds to develop make it a healthier tree?"

"I had not thought about it at all," confessed my husband rather shamefacedly, as he prides himself on being an original thinker, and here he was allowing an old lady to out-think him. "Everyone here said you must not prune lemons, so I thought it must be right."

We thanked her for the information and left, on much better terms with her than we would have ever thought possible. We even felt quite a degree of affection towards her.

译文:

柠檬老太

(节选)

卡蒂蒂

我们之所以叫她"柠檬老太",一是因为她老在人前板着个脸,二是因为她种在她家前花园的那两棵巨大的柠檬树结出了我们见过的最好的柠檬。我们常常想弄清楚她为什么看上去如此不苟言笑,以及她是如何种出这么好的柠檬的——但结果还是对她一无所知。她是一位老太太——至少70岁了吧,这是猜的,也许岁数更大。

一天,我们看到一则有一套公寓要出租的广告,便决定去看看——因为现在的房东要求我们尽快腾出所住的房间。当我们按照广告上的地址找过去，才发现那是"柠檬老太"的房子。

我们面谈的整个过程中她脸上的表情一直没有"解冻"。她说要出租的公寓在大约一个月后才会收拾好供人入住；还说她的求租者名单上已经有45个人了，而在公寓收拾好之前可能还有其他人要添加上，之后她只会挑选看起来最合适她的人出租。她没有敌意，只是既坚定又严肃，而我估计我们十有八九是不会被选中的。

当我和我丈夫就要离开时，我说："您是怎么种出那些特棒的柠檬的呀？"她淡淡一笑，这笑改变了她整个的面部表情，使她看上去温和了些，且多少有点值得同情。

"我确实能种出很好的柠檬。"她回答道。我们接着告诉她，每次经过的时候，我们总是多么羡慕她的那些柠檬。于是她打开了话匣子，告诉了我们许多关于这种水果的知识。她问道："我想，你们知道关于植物修剪的一般原则吧？"

"噢，"我丈夫说，"我知道一点儿怎样修剪一般的果树与玫瑰，但柠檬树绝不能修剪，我大概知道这个。"当他从"柠檬老太"的表情上看出他说错了话时，就加上了最后几个字。

"不对，""柠檬老太"说，"除非你不想让柠檬树长得像我的一样，那样的话你就不要修剪。你知道修剪是为了什么吗？"

"哦，为了除掉死去的或者患病的树枝；为了防止树枝之间相互擦伤；为了让阳光照进树枝中间；还为了促进更强壮的芽苞生长。"

"说得非常好。""柠檬老太"说，"那么，你为什么认为柠檬树在有死树枝或者患病树枝的情况下还能长得更好；你为什么不应该让阳光照进树枝中间；又为什么让许多病态的芽苞发育会使整棵树长得更健康呢？"

"这个我压根儿就没有考虑过。"我丈夫有些羞愧地承认道，他总是为自己是个有主见的人而感到骄傲，不料今天让一个老太太给问倒了，"这里的每个人都说绝不能修剪柠檬树，所以我想那肯定没错了。"

我们谢过老太太提供的知识便离开了，与她的关系比我们原先可能想象的要好得多。我们甚至感觉对这位老太太有了相当程度的好感。

（张保红 译）

分析：通过阅读原文可知，小说的最主要的人物就是the Lemon Lady，她看起来严肃、不苟言笑，实则认真和善。为了突出主人公的这一特点，译者在翻译时特别注重面部表情的措辞，如"既坚定又严肃""淡淡一笑"等，完美地再现了小说人物的特征。另外，在句式的组织上，译者用与原文句子长短相近的句子进行翻译，再现了原文平实、简单的语言风格，如“‘不对’‘柠檬老太’说，‘除非你不想让柠檬树长得像我的一样，那样的话你就不要修剪。你知道修剪是为了什么吗？’”

Gone with the Wind

（节选）

Margaret Mitchell

Scarlett O'Hara was not beautiful, but men seldom realized it when caught by her charm as the Tarleton twins were. In her face were too sharply blended the delicate features of her mother, a Coast aristocrat of French descent, and the heavy ones of her florid Irish father. Put it was an arresting face, pointed of chin, square of jaw. Her eyes were pale green without a touch of hazel, starred with bristly black lashes and slightly titled at the ends. Above them, her thick black brows slanted upward, cutting a starting oblique line in her magnolia-white skin—that skin so prized by Southern women and so carefully guarded with bonnets, veils and mittens against hot Georgia suns.

Seated with Stuart and Brent Tarleton in the cool shade of the porch of Tara, her father's plantation, that bright April afternoon of 1861, she made a pretty picture. Her new green flowered-muslin dress spread its twelve yards of billowing material over her hopops and exactly matched the flat-heeled green morocco slippers her father had recently brought her from Atlanta. The dress set off to perfection the seventeen-inch waist, the smallest in three counties, and the tightly fitting basque showed breasts well matured for her sixteen years. But for all the modesty of her spreading skirts, the demureness of hair netted smoothly into a chignon and the quietness of small white hands folded in her lap, her true self was poorly concealed. The green eyes in the carefully sweet face were turbulent, willful, lusty with life, distinctly at variance with her decorous demeanor. Her manners had been imposed upon her by her mother's gentle admonitions and the sterner discipline of her mammy; her eyes were her own.

译文：

乱世佳人

（节选）

玛格丽特·米切尔

斯卡利特·奥哈拉长得不算美，但男人常常还来不及端详她的姿容，就被她的魅力所迷醉，比如塔尔顿家那对双胞胎兄弟，就正是如此。她脸上鲜明地糅杂着两种物质，一种是来自母方的纤细，一种是来自父系的粗犷。她母亲出身于法国血统的海岸贵族之家，父亲则是肤色红润的爱尔兰后裔。她的脸庞特别引人注目，尖尖的下巴，方方的牙床，一双浅绿色纯净的眸子，眼角微微翘起，长长的睫毛根根挺直，浓黑的眉毛成两条斜线，挂在木兰花般的白皙肌肤上——那是南方女人极为珍爱的玉肤，出门时要用面纱、软帽和手套保护起来，不让佐治亚州的灼热阳光把它晒黑。

1861 年 4 月里的一天下午，阳光明媚。斯卡利特小姐在她爸爸那个叫作塔拉的庄园里，由塔尔顿家两兄弟，斯图尔特和布伦特陪着，坐在走廊的阴影处，显得颇为妩媚动人。她穿着一身簇新的绿色花布衣服，裙摆展开呈波浪形，脚上配着一双绿色平跟山羊皮鞋，那是她爸爸新近从亚特兰大给她买来的。这身衣服把她只有十七英寸的腰肢——邻近三个县里首屈一指的纤腰——衬托得格外窈窕。一件巴斯克紧身上衣贴着一对隆起的乳房，使这年方十六的妙龄少女，看起来相当丰满成熟。可是不管她那展开的长裙显得多么端庄，她那梳得平整的发髻多么严肃，她那交叠着放在膝盖上的雪白小手多么文静，却还是掩饰不了她的本性。在她可爱而正经的脸容上，那一双绿色的眼睛显得风骚、任性、充满活力，和她那淑静的举止丝毫不能相称。她的仪态是她母亲的谆谆教诲和嬷嬷的严厉管束强加于她的，那双眼睛才真正属于她自己。

（黄怀仁、朱攸若 译）

分析：该语篇选自《乱世佳人》。文中包含了大量的时代背景和时代特色，所以在翻译时，这就成了一大难点。译者需要从整体时代背景对原文进行解读，继而进行具体的翻译工作。

总结而言，作为文学体裁的重要形式，诗歌和小说都有着鲜明的文体特点，对它们的翻译也并非易事，需要译者在充分了解它们的文体特征的基础上，还要掌握一定的翻译理论，并透彻地理解作者的观点与思想，同时恰当使用各类翻译方法，这样才能获得好的译作。

第八章　基于文体学视角的散文、戏剧翻译

散文、戏剧是和诗歌、小说并重的文学体裁，它们以文字为创作和审美对象，是语言艺术的典范，有着很高的审美价值，在世界文学中占据着重要的地位。这也增加了散文和戏剧翻译的难度，在具体的翻译过程中，译者不仅要具备双语表达能力，还要深入了解散文和戏剧的文体特征，并且要具备一定的翻译方法和技巧，这样才能高度还原原作的内容与思想，让译文读者切实感受原作的魅力。本章将对基于文体学视角的散文和戏剧翻译进行探究。

第一节　基于文体学视角的散文翻译

散文是一种自由的文体，其结构灵活自由，语言韵律优美，意象生动，意境深远，有着独特的风格。因此，散文的翻译不仅要表达原文的意义，还要传达原文的美感，再现原文的意境，这样才能使译文读者从不同层面切实感受原散文的魅力，达到传播和沟通文学思想的目的。本节将对基于文体学视角的散文翻译进行分析。

一、散文简述

（一）散文的定义

散文的概念十分宽泛，有广义和狭义两种解释。广义的散文是一个相对概念，是相对于韵文来讲的，韵文以外的所有文体都可以包含在广义的散文概念中。狭义的散文是指诗歌、小说、戏剧之外的所有文学性的散行文章，是指那些抒发情感、发表议论、写人记事的随笔或小品文。

在文学文体中，散文的边界十分模糊。首先，散文的形式不固定，内

容十分广泛，形式和内容都有着很大的随意性；其次，经过长期的发展变化，散文的内涵与外延也在随之变化，其概念并不固定。因此人们对散文概念的研究只能集中在狭义层面上。总而言之，散文是一种能充分利用各种题材，创造性地用各种文学的、艺术的表现手段，自由地展现主体个性风格，以抒情写意、广泛地反映社会生活为主要目的的文学文体。①

（二）散文的分类

根据散文的内容和基本表达方式，散文常分为以下三种类型。

1. 记叙性散文

记叙性散文，是指以记叙人物、事件或景物为主的散文。记叙性散文与小说关系密切，它是通往小说的重要桥梁。很多小说都是以散文化的语言来表现的，这就给分辨记叙性散文和小说带来了困难。

记叙性散文和小说可以从四个方面来区分。首先，记叙性散文是写实的，讲述的基本都是真实发生的事情；小说中的人物和事件都是虚构的。其次，散文中的"我"就是指作者自己；小说中的"我"为作者虚构的人物。再次，记叙性散文不注重人物性格的刻画，通常会用白描的方式对人物的某一个特点或神态进行大致的勾勒；小说则注重对人物的刻画，常会花大量笔墨在这上面。最后，散文的语言自然流畅，主观性较强；小说语言更具客观性，忠实于特定环境中的人和事。

可以看出，虽然记叙性散文有人物、故事和细节的环境描写，但与小说是有本质区别的。

2. 抒情性散文

抒情性散文是指注重表现作者思想感受，抒发作者情感的散文。抒情性散文蕴含的情感十分浓烈，想象非常丰富，语言富有文采，而且具有诗意。抒情性散文是对具体事情的记叙与描绘，但一般没有贯穿全篇的情节，以表达或披露作者的主观情感为主。这种散文一般通过以寄寓感情的人、情、景、物和生活片段作为情感依托，将作者的情感具象化，以达到更为鲜明、充分的抒情效果。抒情性散文常采用不同的方式来抒情，或直抒胸臆，或借景抒情、托物言志等。

3. 议论性散文

议论性散文的主要目的是发表议论，阐明事理。它一般没有杂文的

① 刘海涛. 文学写作教程[M]. 北京：高等教育出版社，2005：121.

尖刻辛辣,也没有一般议论文的严密逻辑。

当抒情性散文中的议论成分较重时,就会与议论性散文难以区分。实际上,议论性成分较重的抒情性散文最注重的仍是抒情,议论性散文虽然也有抒情成分,但更注重的是发表意见,讲明事理。

二、散文的文体特征

相较于其他文学形式,散文有着独特的文体特征,主要体现在体裁和语言两个方面。

(一)散文的体裁特征

1. 题材广泛

散文的题材十分广泛,生活中的细小事件、场景以及对某个事物的态度等都会成为作者写作的对象。具体而言,在写作过程中,与主题相关的材料,都可以拿来用,经过作者的精心构思和安排,就可以形成一个有机整体。

2. 结构松散

散文的结构并不严谨,可以说十分自由和松散,散文可以描述,可以议论,可以抒情。散文的结构松散并不是说散文没有结构,散文的内容与主题和风格是相一致的,所有的描写都要围绕主题开展。散文是形散神不散,这也是散文的显著特征。例如:

I have an almost feminine partiality for old china. When I go to see any great house, I inquire for the china-closet, and next for the picture gallery. I cannot defend the order of preference, but by saying, that we have all some taste or other, of too ancient a date to admit of our remembering distinctly that it was an acquired one. I can call to mind the first play, and the first exhibition, that I was taken to; but I am not conscious of a time when china jars and saucers were introduced into my imagination.

上述是英国散文作家查尔斯·兰姆(Charles Lamb)的名作《古瓷器》(*Old China*)中的一段。一开始作者说的似乎是他对瓷器的偏好几乎成了一种癖好。之后的文字中,他对瓷器上的人物、图案进行了详细的描述,并加上想象的点染。再到后来,作者文笔一转,把注意力转到了对以往穷困生活的回忆,让读者大吃一惊。从心理上看,这种前后不一的写作安排起到了让读者感觉有意外收获的作用。读者正是通过这样的意外笔法了解了作者的真正用意，这得益于作者制造的悬念。总体说来，读完全文后，读者自然明白其中的用意并有回味无穷的感觉，这就是比较典型的形散而神不散的笔法。

3. 表达真切

散文的真首先是指散文在表达上不假雕饰、不施铅华、全凭本色的真实和直接。散文不像诗歌那样含蓄，不必过于讲究语言的音乐感、隐喻、意象、象征等修辞手法，也不像许多小说、戏剧那样讲究语言艺术技巧。散文的真，也表现在它感情的真、性情的真。不论是叙事还是抒情，没有热情的渗入，散文也就不会有动人的力量。例如：

When did all this happen, this rain and snow bending green branches, this turning of light to shadow in my throat, these birdnotes going flat, and how did these sawtooth willow leaves unscrew themselves from the twig, and the hard, bright paths trampled into the hills loosen themselves to mud? When did the wind begin churning inside trees, and why did the sixty-million-year-old mountains start looking like two uplifted hands holding and releasing the gargled, whistling, echoing grunts of bull elk, and when did the loose fires inside me begin not to burn?

Wasn't it only last week, in August, that I saw the stained glass of a monarch butterfly clasping a purple thistle flower, then rising as if a whole cathedral had taken flight?

Now what looks like smoke is only mare's tails—clouds streaming—and as the season changes, my young dog and I wonder if raindrops might not be shattered lightning.

上述是美国著名的散文家格蕾特尔·埃利希(Gretel Ehrlich)的一篇散文。这是一篇景物描写的散文：压坏枝条的雨雪，鸟声变得平淡无味，锯齿柳叶无奈地离开枝干，又硬又亮的小路在泥泞中没入了山丘；风在树林里翻腾，古老的山峦像两只举起的巨手，时而闷住公麋鹿的咕噜声，时而又让它们放声山林，心中狂放的火苗停止燃烧；上一个星期还有蝴蝶翻飞，现在驴尾如炯，云朵游荡，季节变更，"我"和"我"的小狗不知道雨滴是否会变成闪电。

虽然散文描写的内容都是身外之物，表达的却是一个情字。宋代文学家欧阳修在他的《秋声赋》中说："草木无情，有时飘零。人为动物，惟物之灵，百忧感其心，万事劳其形。"细细读来会发现，上述散文与欧阳修的《秋声赋》有殊途同归之感。再如：

I remember one splendid morning, all blue and silver, in the summer holidays, when I reluctantly tore myself away from the task of doing nothing in particular, and put on a hat of some sort and picked up a walking-stick, and put six very bright-colored chalks in my pocket. I then went into the kitchen (which, along with the rest of the house, belonged to a very square and sensible old woman in a Sussex village), and asked the owner and occupant of the kitchen if she had any brown paper. She had a great deal; in fact, she had too much; and she mistook the purpose and the rationale of the existence of brown paper. She seemed to have an idea that if a person wanted brown paper he must want to tie up parcels; which was the last thing I wanted to do; indeed, it is a thing which I have found to be beyond my mental capacity. Hence she dwelt very much on the varying qualities of toughness and endurance in the material. I explained to her that I only wanted to draw pictures on it, and that I did not want them to endure in the least; and that from my point of view, therefore, it was a question not of tough consistency, but of responsive surface, a thing comparatively irrelevant in a parcel. When she understood that I wanted to draw she offered to overwhelm me with note-paper.

I then tried to explain the rather delicate logical shade, that I not only liked brown paper, but liked the quality of brownness in paper, just as I liked the quality of brownness in October woods, or in beer, or in the peat-streams of the North. Brown paper represents the primal twilight of the first toil of creation, and with a bright-colored chalk or two you can pick out points of fire in it, sparks of gold, and blood-red, and sea-green, like the first fierce stars that sprang out of divine darkness. All this I said (in an off-hand way) to the old woman; and I put the brown paper in my pocket along with the chalks, and possibly other things.

I suppose every one must have reflected how primeval and how poetical are the things that one carries in one's pocket; the pocket-knife, for instance, the type of all human tools, the infant of the sword. Once I planned to write a book of poems entirely about the things in my pocket. But I found it would be too long; and the age of the great epics is past.

上述选自切斯特顿(G. K. Chesterton)《一只粉笔》(“A Piece of Chalk”)中的前三段。作者用的是讲故事的手法,讲述的是一位小朋友在向一位老人索要他想要的牛皮纸。表面看来,文章就是平淡的叙述,不见泼墨的描述,但在这淡淡的叙述后面,可以清晰地感受到作者晶莹的心和浓浓的情愫。

(二)散文的语言特征

1. 简练、畅达

散文虽然抒情达意,但简练仍是其最基本的语言要求和特点。简练的语言能充分传达作者所要表达的内容,高效地传达作者对人对物的情感与态度。畅达是指作者在遣词造句时十分自如,在抒发情感时自由自在。简练和畅达是散文语言的重要特征,也是散文语言艺术的生命线,两者是相辅相成的。

2. 口语化且富有文采

散文语言有着明显的口语化特征,作者常会以自己的姿态、风格讲话,向读者倾诉,恳谈,充分展示其说话的风格和个性。但这一特征并不表明散文没有文采或者不讲究文采,散文常常通过朴素的语言来传达真挚的情感,这也是大作家才能显现的真正文采。

3. 节奏富有美感

散文具有美感,这种美感除了体现为文辞美、意境美,还体现为节奏美。散文在语音上的表现是声调的平仄或抑扬相配,无韵和有韵的交融,词义停顿与音节停顿的融合。在句式上的表现是整散交错,长短结合,奇偶相协。

三、散文的翻译方法

通过散文的定义、分类以及文体特征的描述就可以知道,对散文进行翻译是一件非常困难的事情。译者需要细读原作,仔细体会作者的写作风格,准确把握作者的写作意图,分清作品的结构层次,从而传达作者的浓郁情感,重构原作的审美意境,灵活采用翻译方法,努力再现作者的独特风格。译者可依据以下几个方面进行散文的翻译。

(一)准确传达情感

表情达意、抒发情感可以说是作者创作散文的主要目的,情感是散文的灵魂所在。在翻译散文时,译者首先要做到的就是传达原文的情感,做到译文与原文在情感效应上达到对等,即使译文读者获得与原文读者相同的感受,对此译者可采用移情法进行翻译。具体而言,译者在翻译之前首先要了解原文的写作背景,明白作者的写作思想,将自己放在与作者相同的情感地位上,切实体会作者的思想情感,进而对其进行传达。译者对原文的理解力和对作者思想的领悟力对翻译起着直接的影响作用。例如:

我爱热闹,也爱冷静;爱群居,也爱独处。像今晚上,一个人在这苍茫的月下,什么都可以想,什么都可以不想,便觉是个自由的人。白天里一定要做的事,一定要说的话,现在都可以不理。这是独处的妙处,我且受用这无边的荷塘月色好了。(朱自清,《荷糖月色》)

I like a serene and peaceful life, as much as a busy and active one; I like being in solitude, as much as in company. As it is tonight, basking in a misty moonshine all by myself, I feel I am a free man, free to think of anything, or of nothing. All that one is obliged to do, or to say, in the daytime, can be very well cast aside now. That is the beauty of being alone. For the moment, just let me indulge in this profusion of moonlight and lotus fragrance.

上述译文充分展示了作者的思想感情,表达了作者当时的思想状况。由于译者对原文的深入体会,读者就能感受其对荷塘美景的赞叹与其当时的复杂心境。其中,"我且受用这无边的荷塘月色好了"一句,更是表现出了作者的无奈以及内心的烦忧。译者认真分析和体会了作者的思想,在翻译时准确地把握了原文的基调,很好地再现了原文的含义。

(二)充分还原意境

散文作者常将自己的情感表达寄托在一定的意境描写上,从而给读者带来美的享受并激发读者对生命的思考。因此,在翻译时译者也应注重对原文意境的还原。但散文的语言表达十分自由,对此译者不能拘泥于原文的表达,应做到收放自如,在准确传递原文思想的基础上,通过优美、流畅的语言再现原文的意境。例如:

It is a marvel whence this perfect flower derives its loveliness and perfume, springing as it does from the black mud over which the river sleeps, and where lurk the slimy eel, and speckled frog, and the mud turtle, whom continual washing cannot cleanse. It is the very same black mud out of which the yellow lily sucks its obscene life and noisome odor. Thus we see too in the world, that some persons assimilate only what is ugly and evil from the same moral circumstances which supply good and beautiful results—the fragrance of celestial flowers—to the daily life of others.

荷花如此清香可爱,可以说是天下最完美的花,可是它的根,却长在河底的黑色污泥中，根浊花清，这不得不说是一种奇迹。河底潜伏着滑溜的鳗鱼，斑斑点点的青蛙，满身污秽的乌龟，这种东西虽然终年在水里过活，身上却永远洗不干净。黄色睡莲的香味恶俗，姿态妖媚，它的根也是生在河底的黑泥里面。因此我们可以看见在同样的道德环境之下，有些人能够出污泥而不染，开出清香的荷花，有些人却受到丑恶的熏陶，成了黄色的睡莲了。

原文只有三句话，但通过抑扬讽喻的表达，结构紧凑的布局，对照鲜明的意象，使原文含义更加丰富，表意更加清楚。在翻译时，译者为了最大限度地保存原文的意境美，运用贴切、自然的语言展现原文的思想和内容，且选词和表达达到与原文同样的境界和风格，使原文和译文在总体艺术效果上相一致。

（三）有效再现风格

散文创作的生命在于风格的鲜明，散文翻译的关键在于风格的再现。不同作者有着不同的写作风格，翻译时对于原文风格上的把握特别重要。如果译文与原文风格大相径庭，即便译文语言再优美，表达再到位也称不上佳译。例如：

An individual human existence should be like a river—small at first, narrowly contained within its banks, and rushing passionately past boulders and over waterfalls. Gradually the river grows wider, the banks recede, the waters flow more quietly, and in the end, without any visible break, they become merged in the sea, and painlessly lose their individual being.

（Bertrand Russell, "How to Grow Old"）

一个独立的人，其存在当如河流——刚开始很小，局限在狭窄的河岸间，急促地流过大石、瀑布。慢慢地，河面变宽，河岸后退，河水更加平静，最后在毫无觉察之际汇入大海，没有痛苦地失去个体生命。

原文选自伯特兰·罗素的《老之将至》。作者通过透彻的说理、生动的文笔讨论了老年人对死亡的恐惧心理，同时表达了自己的观点。译者在进行翻译时，在把握住原文思想与作者风格的基础上，精心选词和组句，充分体现了原文的风格魅力。

（四）消除文化隔阂

英汉语言无论在行文风格上还是在逻辑结构上，都有着显著的差异。只有尽力消除这种文化上的隔阂，译者才能最终在文化的鸿沟上架起沟通的桥梁。例如：

书房，多么典雅的一个名词！很容易令人联想到一个书香人家。书香是与铜臭相对的。其实书未必香，铜亦未必臭。周彝商鼎，古色斑斓，终日摩娑亦不觉其臭，铸成钱币才沾染市侩味，可是不复流通的布帛刀错又常为高人赏玩之资。书之所以为香，大概是指松烟油墨印上了毛边连史，从不大通风的书房里散发出来的那一股怪味，不是桂馥兰熏，也不是霉烂馊臭，是一股混合的难以形容的怪味。这种怪味只有书房里才有，而只有士大夫人家才有书房。书香家之得名大概是以此。

Study, what an elegant word! It easily reminds of a book-scented family! Book scents are treated as opposite to copper stinks. As a matter of fact, books do not necessarily smell good, nor does copper inevitably bad. The wine vessels of Zhou, the cooking vessels of Shang, the riot of ancient colors, the all-day-long strokes and fondles feel no foul odor.

Philistinism contaminates copper when it is cast into coins as money, but those cottons and silks, knife-shape money out of circulation were now and then expenses and antiques of high hermits. Books are entitled as scented, perchance referring to oil and ink imprinted to the rough edges and uncut pages of ancient volumes' from which sends off gusts of odd smells deposited in not-well-ventilated studies.

Those scents are neither the pleasurable, sweet perfume from lofty flowers like bay trees or fragrant thoroughwort, nor the mildew and rot or the stink from spoiled food, but a gust of strange amalgamation beyond the power of words. Such smells come only out of studies while studies existed only in families of high officials and master scholars. Approximately, this explains the origin of the name of Book-scented Family.

上述原文选自梁实秋《书房》的第一段。其中包含很多汉语中所特有的表达，如"书香""铜臭""周彝商鼎""布帛刀错""毛边连史""桂馥兰熏"。要清除文化隔阂，并不意味着抛弃这些内容，而是要想办法译得准确，便于读者理解。译者在翻译时要确保原文的意思、意味和意境不走调；另外，也可以用注释说明的方式保存原文意趣，上述译文即添加了四个注释以向译入语读者传达原文的文化特色。此外，在翻译时译者也尽力运用古朴之风来遣词造句，并体现一些韵律和节奏，如"the all-day-long strokes and fondles feel no foul odor"和"Philistinism contaminates copper when it is cast into coins as money"这两句就体现了一些韵律和节奏感。

下面通过几个具体实例来整体了解一下散文的翻译。

Golden Fruit

Alan Alexander Milne

Of the fruits of the year I give my vote to the orange. In the first place it is a perennial—if not in actual fact, at least in the greengrocer's shop. On the days when dessert is a name given to a handful of chocolates and a little preserved ginger, when macedoine de fruits is the tide bestowed on two prunes and a piece of rhubarb, then the orange, however sour, comes nobly to the rescue; and on those other days of plenty when cherries and strawberries and raspberries and gooseberries riot together upon the table, the orange, sweeter than ever, is still there to hold its own. Bread and butter, beef and mutton, eggs and bacon, are not more necessary to an ordered existence than the orange.

It is well that the commonest fruit should be also the best. Of the virtues of the orange I have not room fully to speak. It has properties of health-giving, as that it cures influenza and establishes the complexion. It is clean, for whoever handles it on its way to your table, but handles its outer covering, its top coat, which is left in the hall. It is round, and forms an excellent substitute with the young for a cricket ball. The pips can be flicked at your enemies, and quite a small piece of peel makes a slide for an old gentleman.

But all this would count nothing had not the orange such delightful qualities of taste. I dare not let myself go upon this subject. I am a slave to its sweetness. I grudge every marriage in that it means a fresh supply of orange blossom, the promise of so much golden fruit cut short. However, the world must go on.

...

Yet with the orange we do live year in and year out. That speaks well for the orange. The fact is that there is an honesty about the orange which appeals to all of us. If it is going to be bad—for the best of us are bad sometimes—it begins to be bad from the outside, not from the inside. How many a pear which presents a blooming face to the world is rotten at the core. How many an innocent-looking apple is harbouring a worm in the bud. But the orange has no secret faults. Its outside is a mirror of its inside, and if you are quick you can tell the shopman so before he slips it into the bag.

译文：

柑橘

艾伦·亚历山大·米尔恩

一年四季的水果里，我最推崇柑橘。

首先，柑橘常年都有——即使不是在树上，至少是在水果店里。有的时候，只用几块巧克力和一点蜜饯生姜充当餐后的甜点，两块李子干加一片大黄便被冠以蔬果什锦美名时，这时仍带酸味的柑橘便前来慷慨救驾；其他时候，水果丰盈，樱桃、草莓、木梅、醋栗在餐桌上相互争艳时，此时比往日更加甜美的柑橘依然能坚守自己的岗位。对于人们的日常生活，面包和黄油，牛肉和羊肉，鸡蛋和咸肉，都未必像柑橘那样不可或缺。

很幸运，这种最普通的水果恰恰是最好的水果。论其优点，难尽其详。柑橘有益于健康，比如，可以治疗流感，滋养皮肤。柑橘清洁干净，不管是谁把它端上餐桌，也只触到它的表皮，亦即它的外衣，吃完后橘皮便被留在餐厅里。柑橘是圆的，给孩子们当板球玩是再好不过了。柑橘核可用来弹射你的敌人，一小片橘皮也能让一个老者滑个趔趄。

但是，如若不是柑橘的味道甜美可口，上述的一切便都不足取。我真不敢纵谈柑橘的美味。我为它的美味所倾倒。每当有人结婚我便心生怨意，因为那就意味着一束鲜橘花——未来金黄果实的夭折。然而，人类总得继续繁衍。

……

我们年复一年地吃着柑橘生活，这就是对它有力的辩护。事实上，是柑橘诚实的品格吸引了我们。假如它要开始腐败的话——因为我们之中的优秀者有时也会腐败的——它是从外表而不是从内里开始的。有多少梨子在向世人展现其鲜嫩的容光时，内里已经腐烂。有多少看上去纯洁无瑕的苹果，刚刚发芽就已经包藏蛀虫。而柑橘从不隐藏瑕疵。它的外表是它内心的镜子，那么如果你反应快，不等售货员把它丢进纸袋儿，你就能告诉他这是一个坏橘子。

（刘士聪、靳梅琳 译）

分析：柑橘本是日常生活中很常见的食物，但在艾伦·亚历山大·米尔恩这里显得别样新鲜，意趣盎然。在翻译的过程中，译者抓住了柑橘的特征与功能，而且译出其品格美，同时译者再现了原文诙谐幽默的语调。

The Clipper

（节选）

John Masefield

When I saw her first there was a smoke of mist about her as high as her foreyard. Her topsails and flying kites had a faint glow upon them where the dawn caught them. Then the mist rolled away from her, so that we could see her hull and the glimmer of the red sidelight as it was hoisted inboard. She was rolling slightly, tracing an arc against the heaven, and as I watched her the glow upon her deepened, till every sail she wore burned rosily like an opal turned to the sun, like a fiery jewel. She was radiant; she was of an immortal beauty, that swaying, delicate clipper. Coming as she came, out of the mist into the dawn, she was like a spirit, like an intellectual presence. Her hull glowed, her rails glowed; there was color upon the boats and tackling. She was a lofty ship (with skysails and royal staysails), and it was wonderful to watch her, blushing in the sun, swaying and curveting. She was alive with a more than mortal life. One thought that she would speak in some strange language or break out into a music which would express the sea and that great flower in the sky. She came trembling down to us, rising up high and plunging; showing the red lead below her water-line; then diving down till the smother bubbled over her hawseholes. She bowed and curveted; the light caught the skylights on the poop; she gleamed and sparkled; she shook the sea from her as she rose. There was no man aboard of us but was filled with the beauty of that ship.

译文：

快帆船

（节选）

约翰·梅斯菲尔德

我初看见她时，她前帆下桁以下的部分全笼罩在大雾里。上桅帆和迎风飘动的轻帆映着晨曦的微光。然后雾霭从她身边慢慢弥散开去，我们这才看见船身和刚刚挂起的舱内红色的舷灯发出的微弱的光。她轻轻地起伏着，在天穹之下画着一个个的弧。我看着她，船身上晨光的颜色渐渐加深，直到船上的风帆好像面向太阳的蛋白石一样透着玫瑰色，像火红的宝石。她灿烂绚丽，美若天仙，那只款款而动、体态轻盈的快帆船呀！她一路驶来，出迷雾，入熹微，她活像一个魂灵，一个智慧女神。她浑身泛着光，船帆也泛着光；她携带的小船及其索具都染上了颜色。她亭亭而立（张着天帆和豪华的索帆），看着她在阳光里泛着红晕，轻轻摆动着，上下颠浮着，令人心旷神怡。她是一只有生命的活船，比世间的生命更具生命力的活船。人们以为，她就要用一种陌生的语言开口说话，或演奏一首乐曲来抒发对大海的依恋，歌唱太阳的温情。她飘然而至，时而随浪涌起，时而随浪而下，一会儿露出吃水线下面的测深铅锤，然后又潜入水中，让水雾淹没锚链孔。她俯首前行，接着又昂然跳跃；阳光照进船楼的天井；船身闪烁着光芒；当她涌起的时候，便抖掉全身的海水。船上的人们没有一个不为快帆船的美而感慨。

（刘士聪、靳梅琳 译）

分析：约翰·梅斯菲尔德用善于发现美的眼睛看到了海上行进的快帆船的美好：小巧、轻快、机动性好，简直就是一个出浴的美人。译者紧紧抓住原文的意象和风格，精心选词用字，构建出了快帆船的女性柔美。

Samuel Johnson's Letter to Lord Chesterfield

To the Right Honourable the Earl of Chesterfield

7th February, 1755

My Lord,

I have been lately informed, by the proprietor of The World, that two papers, in which my Dictionary is recommended to the public, were written by your lordship. To be so distinguished is an honour which, being very little accustomed to favours from the great, I know not well how to receive, or in what terms to acknowledge.

When, upon some slight encouragement, I first visited your lordship, I was overpowered, like the rest of mankind, by the enchantment of your address, and could not forbear to wish that I might boast myself Le vainqueur du vainqueur de la terre; that I might obtain that regard for which I saw the world contending; but I found my attendance so little encouraged, that neither pride nor modesty would suffer me to continue it. When I had once addressed your Lordship in public, I had exhausted all the art of pleasing which a retired and uncourtly scholar can possess. I had done all that I could; and no man is well pleased to have his all neglected, be it ever so little.

Seven years, my lord, have now passed, since I waited in your outward rooms, or was repulsed from your door; during which time I have been pushing on my work through difficulties, of which it is useless to complain, and have brought it, at last, to the verge of publication, without one act of assistance, one word of encouragement, or one smile of favour. Such treatment I did not expect, for I never had a patron before.

The shepherd in Virgil grew at last acquainted with Love, and found him a native of the rocks.

Is not a patron my lord, one who looks with unconcern on a man struggling for life in the water, and, when he has reached ground, encumbers him with help? The notice which you have been pleased to take of my labours, had it been early, had been kind; but it has been delayed till I am indifferent, and cannot enjoy it: till I am solitary, and cannot impart it; till I am known, and do not want it. I hope it is no very cynical asperity not to confess obligations where no benefit has been received, or to be unwilling that the Public should consider me as owing that to a Patron, which Providence has enabled me to do for myself.

Having carried on my work thus far with so little obligation to any favourer of learning, I shall not be disappointed though I should conclude it, if less be possible, with less; for I have been long wakened from that dream of hope, in which I once boasted myself with so much exultation.

My Lord,

Your Lordship's most humble,

Most obedient servant,

Samuel Johnson

译文：

塞缪尔·约翰逊致切斯特菲尔德伯爵书

1755年2月7日

伯爵大人阁下：

近闻《人世间》主人言：阁下曾二度撰文，将仆之辞典推荐于世，易胜荣幸。然仆生平鲜蒙贵人恩典，是以受宠若惊，不知何以答谢。

昔者偶为人言所动，初度造府晋谒；于君之谈吐，一似世人之倾慕不已。实望一登龙门，身价十倍；并冀能博得阁下之青睐，此天下人争相罗致者也。然仆之趋候，颇遭冷遇；其后遂裹足不前，半以孤芳自赏，半以自渐形秽也。仆本一介寒士，不求闻达于世，不善逢迎之术。前者于大庭广众之间得与阁下共语，曲尽所能，以期取悦于君，终不可得。人之竭尽绵薄，辱遭鄙夷而复能怡然自得者，鲜矣哉！

忆昔伫候于外室，见拒于侯门，岁月荏苒，春秋七易。七岁之间，仆励志孟晋，披荆斩棘，致力于辞书之编著；个中艰辛，今日言之何益？所幸功垂于成，刊行在即，期间未尝获君一臂之助，一言之勖，一笑之惠。惟此等殊遇，原非所期，盖仆生平所迄未受恩主之惠。

弗吉尔诗中之牧者，其后终得稔悉“爱童”之为人，方知其为铁石心肠之辈也。

伯爵阁下：见人挣扎于水中则漠漠然袖手旁观，见其安然登岸则遽遽乎殷勤相助，此非恩主之为人乎？阁下于拙著之锦注，若在昔年，诚不失为美意；惜于姗姗其来迟，今仆已兴味索然，难以欣赏；仆已孑然一身，无人分享；仆已薄有声名，不劳垂颐矣。且仆既未受惠于人，自不欲对其感恩戴德；仆借天助独立完竣之功业，自不欲天下人误以为恩主所赐；此言谅不致失之于尖酸刻薄耳。

仆自编纂辞书以还，既未受惠于任何学术赞助人于前，则于今大功垂成之日，即无丝毫恩赐于后，亦当不以为憾耳。盖仆昔时固尝陶醉于希望之美梦，今则梦醒久矣。

仆

塞缪尔·约翰逊顿首再拜

（黄继忠 译）

分析：《致切斯特菲尔德伯爵书》是18世纪后半叶英国文坛领袖塞缪尔·约翰逊写给时任国务大臣的切斯特菲尔德伯爵的信。文章微言大义，语短情长；全文气氛凝重，文采斐然；句式长短相宜，词语顿挫有节；音调高低抑扬，余韵久远，其味无穷。根据原文的语言特点、风格特征，译者对原文内容进行了准确的翻译，译文语言庄重，简洁凝练，神采飞扬。

第二节　基于文体学视角的戏剧翻译

戏剧是一门古老的舞台艺术，是通过集语言、动作、舞蹈、音乐等形式于一体，并借此达到叙事目的的一门综合艺术。戏剧作品在各个国家之间译介和流传的历史可谓源远流长，但关于戏剧翻译，学术界所做的研究十分有限。这主要源于戏剧的双重性，戏剧即是一门语言艺术，又是一门表演艺术。从不同的角度出发，人们对戏剧有着不同的认识和看法，也导致对戏剧翻译有不同的观点。戏剧翻译不仅涉及语言方面的转译，也涉及很多语言之外的因素。本节将基于文体学视角对戏剧翻译进行探析。

一、戏剧简述

戏剧有着悠久的历史，在小说诞生之前就已经活跃在了舞台上。很多学者和文学家都对戏剧的概念进行过解释，但观点不一，至今没有达成共识。

古希腊亚里士多德提出了“戏剧是行动的艺术”这一观点，认为戏剧是一种模仿，而且是对人的行动的模仿。模仿是促使戏剧生成的一种重要途径，而“行动”则是戏剧的外部呈现特征。

英国著名戏剧理论家马丁·艾思林在《戏剧剖析》中指出，“希腊语中戏剧（drama）一词，只是动作（action）的意思。……戏剧之所以成为戏剧，恰好是由于除言语以外那一部分，而这部分必须看作是使作者的观念得到充分表现的动作（或行动）”。①

中国学者王国维认为，戏剧的本质的特征在于戏剧“合歌舞以演故事”。但这仅是对某一阶段中国传统戏剧的外部形态的界定，并不能涵盖戏曲艺术以外的戏剧现象。

综合上述定义，戏剧是一种重要的文学样式，也是一门综合艺术。作为一种文学样式，戏剧文学“是指剧本，它是一门语言艺术，它规定了戏剧的主题、人物、情节、语言和结构，是舞台演出的基础和依据”。② 作为一门综合艺术，戏剧所包含的元素极为丰富，包括文学、舞美、音乐、演艺等元素，而且主要通过演员在舞台上的表演来展现艺术效果。

二、戏剧的文体特征

戏剧有着独特的文体特征，这主要体现在体裁和语言两个方面。

（一）戏剧的体裁特征

1. 情景反映现实生活，高度凝练

在戏剧中，情景是指推动戏剧冲突爆发并不断发展的契机，是使人物

① 康保成．戏剧的本质及其审美特征 [J]. 阅读与写作，2004（4）：12.
② 陈文忠．文学理论 [M]. 合肥：安徽大学出版社，2002：125.

产生特有动作的条件。[①]戏剧的情景来源于人们的现实生活,而且反映着人们的现实生活,而这也是戏剧被广大受众喜爱认可并引起广大受众共鸣的重要原因。戏剧的情景对剧作家有着很高的要求,因为戏剧作品要通过舞台展示出来,但舞台表演的时间和空间是有限的,剧作家必须在这一限制条件下将丰富的社会生活活灵活现地表现出来,同时能吸引观众的目光,剧作家必须用凝练的语言将剧中的人物、场景以及事件等展现在舞台上。

2. 戏剧冲突紧张激烈

冲突是戏剧情节不断向前发展的动力,它是戏剧的灵魂,没有冲突就没有戏剧。戏剧冲突是指戏剧作品中的矛盾和斗争,其表现为紧张激烈,扣人心弦,引人入胜,这也是戏剧吸引受众的重要原因之一。同情景一样,戏剧冲突也源于现实生活,剧作家对现实生活中的冲突加以整理和提炼,使之展现在舞台上,让广大受众获得启发。

3. 戏剧结构严密紧凑

结构是每一部文学作品所不可或缺的,它是作品的骨架,支撑着作品主题,推动着情节发展,并引导着读者逐步深入了解作品思想。结构对于任何文学形式而言都十分重要,对于戏剧更是如此,因为戏剧的组织结构直接影响着戏剧的成功与否。戏剧不能脱离舞台,戏剧必须在有限的篇幅和时空内展现故事,这就要求戏剧必须具有严密紧凑的结构。

4. 戏剧语言推动戏剧动作

在戏剧中,角色形象、演员的动作以及舞台的布置等都十分重要,但这些都要通过语言的表达,戏剧终究是语言的艺术。在戏剧中,人物之间的关系、情节的发展、形象的刻画以及思想的抒发等都要通过语言来实现。

(二)戏剧的语言特征

语言对于戏剧的重要性通过上述内容就可以了解到。戏剧中的语言主要是指台词,也就是人物语言,其体现出以下几个方面的特征。

1. 口语化

在戏剧中,人物对话占据了戏剧的大部分篇幅。剧本最终要通过演员之口说出来,进而与观众交流,因此戏剧的口语化特征十分明显。

---

① 谭霈生.论戏剧性[M].北京:北京大学出版社,1981:98.

戏剧的口语化特征要求戏剧台词讲究节奏韵律，读来朗朗上口，且富有感染力。这是因为戏剧台词是写给读者看的，而且要通过演员读给观众听，为了吸引观众，戏剧台词必须要有抑扬顿挫之感。此外，戏剧语言的口语化特征还要求戏剧台词尽量通俗易懂。观众的教育水平和身份等各不相同，戏剧语言必须要雅俗共赏，意义明朗，便于广大受众理解。

2. 诗意性

戏剧要通过演员在舞台上的表演与观众见面和交流，能否吸引观众的注意力并打动观众，就要看戏剧是否有富有激情和感染力的语言。而这就要求戏剧语言不仅要有戏剧性，也要有抒情性。老舍主张用写诗歌的态度来写戏剧对话，因为富有诗意的语言更加耐人寻味，令人回味无穷。

3. 个性化

在戏剧中，台词之于人物塑造是非常重要的，这也说明了戏剧语言的个性化特征。戏剧中人物各异，每一个人物都有着不同的性格、职业、身份等，为了便于观众理解不同人物的性格特征，每一个人物的语言都要鲜明，有个性，也就是观众在听到这个人物的语言时，就能准确把握这个人的性格特征。

4. 动作性

戏剧语言的本质可用“语言动作”这一术语来概括，在戏剧中，语言与动作紧密相连。语言诠释着动作，表示着人物的行动意义，同时揭示着人物的内心状态，所以戏剧语言必须要具有动作性。

三、戏剧的翻译方法

戏剧有着与其他文学形式的共性，即具有阅读性，也有着自身的特点，即具有表演性，因此戏剧翻译也要兼具阅读性和表演性。这需要译者充分了解戏剧的具体特征，并灵活运用翻译方法。

（一）忠实传达剧本内涵

所谓忠实，是指译文不能脱离原作，要准确地将源语信息传递给观众。同其他翻译活动一样，戏剧翻译首先要忠实传达原文的内涵。具体可采用以下几种方法来实现这一目的。

1. 直译法

直译法是戏剧翻译最常用的方法，就是按照字面意思和语序进行翻译。采用直译法翻译戏剧，可最大限度地保留原文的形式和特色，而且能有效传达原文的含义。但这种方法适用于源语与译入语在结构、语义、功能等方面相同，直接翻译不会引起误解的情况。例如：

Though yet of Hamlet our dear brother's death
The memory be green, and that it us befitted
To bear our hearts in grief, and our whole kingdom
To be contracted in one brow of woe,
Yet so far hath discretion fought with nature
That we with wisest sorrow think on him,
Together with remembrance of ourselves.
Therefore our sometime sister, now our queen,
Th' imperial jointress to this warlike state,
Have we, as 'twere with a defeated joy,
With an auspicious and a dropping eye,
With mirth in funeral and with dirge in marriage,
In equal scale weighing delight and dole,
Taken to wife. Nor have we herein barr'd
Your better wisdoms, which have freely gone
With this affair along. For all, our thanks.
…

至亲的先兄哈姆雷特驾崩未久，
记忆犹新，大家固然是应当
哀戚于心，应该让全国上下
愁眉不展，共结成一片哀容，
然而理智和感情交战的结果，
我们就一边用适当的哀思悼念他，
一边也不忘记我们自己的本分。
因此，仿佛抱苦中作乐的心情，
仿佛一只眼含笑，一只眼流泪，
仿佛使殡丧同喜庆歌哭相和，
使悲喜成半斤八两，彼此相应，

我已同昔日的长嫂,当今的新后,
承袭我邦家大业的先王德配,
结为夫妇;事先也多方听取了
各位的高见,多承一致拥护,
一切顺利;为此,特申谢意。

(卞之琳 译)

以上是莎士比亚《哈姆雷特》中哈姆雷特的叔父克罗迪斯在登基大典上的演说词。在翻译这段演说词时,应尽量保留原文的句法和语序,因为文字的顺序对于反映剧中人物的形象和性格起着关键的作用。对此,译者采用直译法最大限度地保留了原文的语序、句法特点和语体风格,而且文字与原文紧紧相扣,恰如其分地将克罗迪斯外表的威严和内心活动表达了出来。

2. 归化法

因不同民族文化背景的不同,源语和译入语在诸多方面都存在差异,此时无法用直译法进行翻译,就可以采用归化法来翻译。所谓归化法,就是向译入语读者靠拢,采用符合译入语语言习惯和文化传统的概念进行翻译,从而实现功能对等。例如:

What, shall this speech be spoke for our excuse? Or shall we on without a apology?

怎么!我们就用这一番话作为我们的进身之阶呢,还是就这么昂然直入,不说一句道歉的话?

(朱生豪 译)

就用方才那段话作借口进门呢,还是一句话不说就进去呢?

(曹禺 译)

通常,戏剧对话中甚少使用文绉绉的语言。在上述翻译中,朱生豪的译文中出现了“进身之阶”“昂然直入”这样的四字结构,显得书卷气很重,很容易给读者的理解带来困难。相比之下,曹禺的译文平实朴素,很好地表达了原文意思,同时不失诗的韵律感和结构感。

（二）体现具体的语言特征

上文提到，戏剧语言有着鲜明的个性化特征，在翻译时译者也要传译这种特征，进而再现原文的人物特点和内心活动。在翻译戏剧的个性化语言时可采用拆译法，也就是将原文的长句拆分为短句，这样可以突出原文的重点，并且使译文符合译入语的表达习惯。例如：

Sampson: Gregory, o' my word, we'll not carry coals.

Gregory: No, for then we should be colliers.

Sampson: I mean, and we be in choler, we'll draw.

Gregory: Ay, while you live, draw your neck out o' the collar.

桑普森：葛雷古利，咱们可真的不能让人家当作苦力一样欺负。

葛雷古利：对了，咱们不是可以随便给人欺负的。

桑普森：我说，咱们要是发起脾气来，就会拔刀子动武。

葛雷古利：对了，你可不要把脖子缩进领口里去。

（朱生豪 译）

洒嵩：喂，力高，我就这一句话，不栽这个跟斗！

力高：自然，我们又不是倒霉蛋，受这种气？

洒嵩：对，不受气，惹起我们的火，我们就打。

力高：（开玩笑）嗯，要打嚜，你有一口气就把你的脖子伸出来挨！别缩着。

（曹禺 译）

上述是莎士比亚《罗密欧与朱丽叶》第一幕第一场中的片段，是凯布家的两个家仆的对话。莎士比亚用谐谑俚俗的语言将洒嵩和力高这两个人物的形象生动地刻画了出来，他们那种油腔滑调以及粗俗的对话既让读者了解到凯布和猛泰两个家族之间的冲突，也让读者感受到他们各自的鲜明个性。比较上述两个译文，可以看出，朱译虽然忠实于原文，但过于平淡，并没有通过生活化的语言来展现人物的鲜明个性。曹译语言地道，行文流畅，没有丝毫斧凿痕迹，将两个仆人的性格以及身份准确地描绘了出来。曹禺准确地把握住了原文的神韵，而且在翻译方法上也做了灵活的处理。例如，"No, for then we should be colliers."本是陈述句，曹禺却将其进行了拆分，变成了反诘句，生动地体现了人物的性格。

此外,戏剧语言有着很强的修辞性,常会使用各种修辞格,在翻译过程中有时很难找到与之相对应的修辞方式,此时就可以采用变通法,根据具体情况灵活进行处理,使译文获得与原文相似的表达效果。例如:

Sampson: I strike quickly, being moved.

Gregory: But thou art not quickly moved to strike.

Sampson: A dog of the house of Montague moves me.

Gregory: To move is to stir; and to be valiant is to stand: therefore, if thou art moved, thou runn'st away.

Sampson: A dog of that house shall move me to stand: I will take the wall of any man or maid of Montague's.

Gregory: That shows thee a weak slave; for the weakest goes to the wall.

Sampson: True; and therefore women, being the weaker vessels, are ever thrust to the wall: therefore I will push Montague's men from the wall, and thrust his maids to the wall.

Gregory: The quarrel is between our masters and us their men.

Sampson: 'Tis all one, I will show myself a tyrant: when I have fought with the men, I will be cruel with the maids, and cut off their heads.

Gregory: The heads of the maids?

Sampson: Ay, the heads of the maids, or their maidenheads; take it in what sense thou wilt.

Gregory: They must take it in sense that feel it.

Sampson: Me they shall feel while I am able to stand; and 'tis known I am a pretty piece of flesh.

Gregory: 'Tis well thou art not fish; if thou hadst, thou hadst been poor John. Draw thy tool! Here comes two of the house of the Montagues.

(Enter Abraham and Balthasar)

Sampson: My naked weapon is out: quarrel, I will back thee.

洒嵩:哼,谁要惹起我的火,我可动手动得快。

力高:(俏皮)不过,惹动你的火也不易。

洒嵩:得了,我一见着猛泰家的狗我就要动气,我一动气,就要动手,一动手——

力高:(抢接)你就要动脚!有本事的,你站着,动也不动。我看你呀,不动气则罢,一动你就抱着脑袋跑了。

洒嵩:(语涉双关)哼,猛泰家里出个甚么都叫我气得硬起来。男的女的，只要是猛泰家里的，我一概推到墙，玩了他们！

力高：别吹，顶没出息的才要靠墙。

洒嵩：是啊，女人们泄气，总得叫人逼得靠了墙。所以我就把猛泰家里的男人拉出来干，把猛泰家的女人推进去玩。

力高：算了，有仇的是我们两家的老爷跟我们下人们。

洒嵩：（一半玩笑，一半汹汹）我一律看待。我是暴君！跟男人们动完了手，我还要跟女人们凶一下，我要干掉她们的"脑袋"。

力高：（恫吓）干掉她们的"脑袋"？

洒嵩：（霎霎眼）嗯，干掉，这"干"字你怎么讲都成。

力高：（笑嘻嘻）人家知道怎么讲，她们会尝出味来的。

洒嵩：（大笑）我一硬起来，她们就尝出味来了。我这块肉，哼，还挺出名呢。

力高：幸而你不是条鱼，哼，要真是，这准是条糟鱼。（瞥见两个人走来，两人头上都戴着猛泰家的徽帜）操家伙！猛泰家里来了人了，两个！

洒嵩：（不在意下，抽出剑来）小子，硬家伙拿出来了。来，熊他！我帮你，在你后头。

（曹禺 译）

上述对话中，双关修辞的运用无处不在，文中多个动词都有着明显的双关含义，如 move，thrust 等。在翻译 move 这一动词时，译者巧妙地选用"惹火"一词准确而贴切地传递出原文 move 的谐谑色彩。对于 thrust his maids to the wall，译者将其译为"把猛泰家的女人推进去玩"，"推进去玩"不仅传达了 thrust 的基本含义"推动"，一个"玩"字更是传达了 thrust 的引申含义。可以看出，采用变通加增补的翻译方法更能有效传达原文的精髓。

（三）增强戏剧的表演性

戏剧具有表演性，所以戏剧翻译也要具有表演性，这就要求译者不仅要考虑语言问题，同时要考虑戏剧的表演效果。戏剧语言具有一定的审美性，此时译者在翻译时也要再现戏剧语言"音义双美"的特点，让台词读来朗朗上口。对此，译者可以采用省译法，即简化原文中较长的句子，使译文更加便于阅读，更具韵味。例如：

Should in the farthest east begin to draw
The shady curtains from Aurora's bed, ...

可是一等到鼓舞众生的太阳在东方的天边开始揭起黎明女神床上灰黑色的帐幕的时候

（朱生豪 译）

当着快乐的阳光刚刚揭起黑暗的幔帐

（曹禺 译）

对比上述译文可以看出，朱译忠实地翻译了原文，但是读起来却十分拗口。而曹禺采用了省译的方法，在准确传达原文内涵的基础上，对原文进行简化处理，读来简洁明快、朗朗上口，这样演员读来才更能凸显戏剧的舞台效果。

（四）灵活处理文化因素

文化因素在戏剧中随处可见，戏剧中很多的词汇、句子、习语等都蕴含着丰富的文化内涵。但译者并不能采用翻译其他文学作品所采用的方法——直译加注释法进行翻译，因为戏剧演出具有实时性，当观众无法理解台词中的文化内涵时，演员也无法停下来再念一遍。对此，译者需要根据汉语的表达习惯，采用释意法进行翻译，也就是尽量使用易于读者接受和理解的汉语文化进行解释，这样既能让观众理解，也能确保译文的艺术效果。例如：

Well, in that hit you miss: she'll not be hit
With Cupid's arrow, she hath Dian's wit;
And in strong proof of chastity well arm'd,
From Love's weak childish bow she lives unharm'd.

你这一箭就射岔了。丘匹德的金箭不能射中她的心；她有狄安娜女神的圣洁，不让爱情软弱的弓矢损害她的坚不可破的贞操。

（朱生豪 译）

（沮丧）
不，这一下你恰恰猜错。
爱情的箭射不中她的心，
她有神仙一样的聪明，

她把贞洁当作盔甲，
爱情的小弓伤不了她一丝毫发。

（曹禺 译）

在翻译原文时，朱生豪将Cupid和Dian直接翻译为了“丘匹德”和“狄安娜”，对于中国知识分子而言，这样的翻译并不难理解，但对于广大普通受众而言，理解起来则有一定的难度。曹禺通过释意法将它们翻译为雅俗共赏的“爱情的箭”和“神仙”，这样虽然有损原文文化，但利于广大观众理解和接受，也利于戏剧效果的表达。

总体而言，散文和戏剧都有着独特的文体特征和极高的文学价值，在对它们进行翻译时，要充分了解它们的文体特征，并灵活运用各种翻译方法，再现它们的文学价值和艺术魅力。

参考文献

[1] 白雅，岳希茜 . 语言与语言学研究 [M]. 昆明：云南大学出版社，2010.

[2] 查奈尔 . 模糊语言 [M]. 上海：上海外语教育出版社，2000.

[3] 陈康倩 . 三项排比结构的魅力 [N]. 英语辅导报：大学版，2004.

[4] 陈明瑶，卢彩虹 . 新闻英语语体与翻译研究 [M]. 北京：国防工业出版社，2006.

[5] 陈文忠 . 文学理论 [M]. 合肥：安徽大学出版社，2002.

[6] 单宇，严安，熊卉 . 科技英语学习策略与研究 [M]. 长沙：湖南人民出版社，2009.

[7] 范祥涛 . 研究生科技语篇英汉翻译教程 [M]. 苏州：苏州大学出版社，2011.

[8] 方梦之，毛忠明 . 英汉—汉英应用翻译教程 [M]. 上海：上海外语教育出版社，2005.

[9] 方遒 . 散文学综论 [M]. 合肥：安徽教育出版社，2004.

[10] 傅敬民 . 实用商务英语翻译教程 [M]. 上海：华东理工大学出版社，2011.

[11] 顾雪梁，李同良 . 应用英语翻译 [M]. 杭州：浙江大学出版社，2009.

[12] 郭贵龙，张宏博 . 广告英语文体与翻译 [M]. 上海：华东师范大学出版社，2008.

[13] 何江波 . 英汉翻译理论与实践教程 [M]. 长沙：湖南大学出版社，2010.

[14] 何其莘，仲伟合，许钧 . 高级文学翻译 [M]. 北京：外语教学与研究出版社，2009.

[15] 何雪娟 . 商务英语翻译教程 [M]. 北京：外语教学与研究出版社，2007.

[16] 侯维瑞 . 英语语体 [M]. 上海：上海外语教育出版社，1988.

[17] 胡显耀，等．高级文学翻译 [M]. 北京：外语教学与研究出版社，2009.

[18] 黄成洲，刘丽芸．英汉翻译技巧 [M]. 西安：西北工业大学出版社，2008.

[19] 黄龙．翻译学 [M]. 南京：江苏教育出版社，1987.

[20] 黎昌抱．英语修辞格探新 [M]. 长春：吉林大学出版社，2001.

[21] 李佳．英语文体学理论与实践 [M]. 厦门：厦门大学出版社，2011.

[22] 李建军．新编英汉翻译 [M]. 上海：东华大学出版社，2004.

[23] 李克兴．广告翻译理论与实践 [M]. 北京：北京大学出版社，2010.

[24] 廖英，莫再树．国际商务英语语言与翻译研究 [M]. 北京：机械工业出版社，2004.

[25] 刘成科．演讲实战高手 [M]. 济南：齐鲁电子音像出版社，2009.

[26] 刘海涛．文学写作教程 [M]. 北京：高等教育出版社，2005.

[27] 刘其中．新闻翻译教程 [M]. 北京：中国人民大学出版社，2004.

[28] 卢思源．新编实用翻译教程 [M]. 南京：东南大学出版社，2008.

[29] 马壮寰．演讲英语（第 2 版）[M]. 北京：北京大学出版社，2005.

[30] 戚云方．广告与广告英语 [M]. 杭州：浙江大学出版社，2003.

[31] 祁寿华．英语演讲艺术 [M]. 上海：上海外语教育出版社，2005.

[32] 秦秀白．英语语体和文体要略 [M]. 上海：上海外语教育出版社，2001.

[33] 谭霈生．论戏剧性 [M]. 北京：北京大学出版社，1981.

[34] 田传茂．大学科技英语 [M]. 武汉：湖北科学技术出版社，2007.

[35] 王行之．老舍论剧 [M]. 北京：中国戏剧出版社，1981.

[36] 王卫平，潘丽蓉．英语科技文献的语言特点与翻译 [M]. 上海：上海交通大学出版社，2009.

[37] 王燕希．广告英语 [M]. 北京：对外经济贸易大学出版社，2004.

[38] 王佐良，丁往道．英语文体学引论 [M]. 北京：外语教学与研究出版社，2011.

[39] 魏海波．实用英语翻译 [M]. 武汉：武汉理工大学出版社，2009.

[40] 伍铁平．模糊语言学 [M]. 上海：上海外语教育出版社，2000.

[41] 夏廷德，马志波．实用新闻英语翻译 [M]. 北京：对外经济贸易大学出版社，2010.

[42] 谢小苑 . 科技英语翻译技巧与实践 [M]. 北京：国防工业出版社，2010.

[43] 闫文培 . 实用科技英语翻译要义 [M]. 北京：科学出版社，2008.

[44] 张保红 . 文学翻译 [M]. 北京：外语教学与研究出版社，2010.

[45] 张干周，郭社森 . 科技英语翻译 [M]. 杭州：浙江大学出版社，2015.

[46] 张培基 . 英汉翻译教程（修订本）[M]. 上海：上海外语教育出版社，2009.

[47] 赵萱，郑仰成 . 科技英语翻译 [M]. 北京：外语教学与研究出版社，2006.

[48] 郑遨，郭久麟 . 文学写作 [M]. 天津：天津大学出版社，2009.

[49] 周方珠 . 文学翻译论：汉、英 [M]. 北京：中国对外翻译出版社有限公司，2014.

[50] 祝蔚红 . 实用英语演讲教程 [M]. 南京：南京大学出版社，2007.

[51] 龚芬 . 论戏剧语言的翻译 [D]. 上海：上海外国语大学，2004.

[52] 陈海贝 . 英语政治演讲中的模糊语言现象及翻译——以马丁·路德·金《我有一个梦想》为例 [J]. 长春教育学院学报，2014（2）.

[53] 何亚卿 . 英语诗歌阅读与大学英语教学 [J]. 重庆三峡学院学报，2011（6）.

[54] 黄立波 . 翻译研究的文体学视角探索 [J]. 外语教学，2009（5）.

[55] 黄立波 . 翻译研究中的文体观：研究综述 [J]. 燕山大学学报：哲学社会科学版，2014（1）.

[56] 康保成 . 戏剧的本质及其审美特征 [J]. 阅读与写作，2004（4）.

[57] 李雨晨 . 浅析英文诗歌的审美特征 [J]. 科技信息，2010（8）.

[58] 刘爱勤 . 英语层进修辞赏析 [J]. 时代文学，2009（3）.

[59] 刘文现 . 浅谈英文小说的文体特征和翻译 [J]. 今日科苑，2009（17）.

[60] 乔桥 . 浅析英文诗歌的审美特征 [J]. 外语研究，2011（1）.

[61] 邵璐 . 西方翻译文体学研究（2006—2011）[J]. 中国翻译，2012（5）.

[62] 石亚维 . 英语诗歌与教学的运用 [J]. 科技信息，2007（8）.

[63] 汪德华 . 英语系列语及修辞浅析 [J]. 华北水利水电学院学报：社会科学版，2002（4）.

[64] 王胜华 . 扮演：戏剧存在的本质——对戏剧本质思考的一种发言 [J]. 戏剧（中央戏剧学院学报），1996（1）.

[65] 王玉山 . 论英文诗歌的审美特性 [J]. 芒种,2012（23）.

[66] 叶良旋 . 文体性质透视 [J]. 安庆师院社会科学学报,1997（3）.

[67] 张志琴 . 2012 年奥巴马大选获胜演讲辞的文体分析 [J]. 教育学文摘,2013（8）.

[68] 张志琴 . 试论海明威小说《雨中猫》的语言重复 [J]. 太原师范学院学报,2011（3）.

[69] Akmajian, A., Demers, R. A. & Harnish, R. M. *Linguistic—An Introduction to Language and Communication*[M]. Cambridge, Mass.: MIT Press,2001.

[70] Baker, Mona. A Corpus-Based View of Similarity and Difference in Translation[J]. *International Journal of Corpus Linguistics*, 2004, 9（2）.

[71] Baker, Mona. Towards a Methodology for Investigating the Style of a Literary Translator[J]. *Target*, 2000, 12（2）.

[72] Bassnett, Susan. The Translation Turn in Cultural Studies[A]. In Susan Bassnett & Andre L.efeeere（eds.）. *Constructing Cultures: Essays on Literary Translation*[C]. Shanghai: Shanghai Foreign Langugage Education Press,2001.

[73] Bosseattt, Charlotte. *How Does it Feel? Point of View in Translation: The Case of Virginia Woolf into French*[M]. Amsterdam & New York: Rodopi, 2007.

[74] Burrows, John. The Englishing of Jueenal: Computational Stylistics and Translated Tests[J]. *Style*,2002,36（4）.

[75] Chans, Tak-hung Leo. *Readers, Reading and Reception of Translated Fiction in Chinese: Novel Encounters*[M].Manchester & Kinderhook（NY）: St. Jerome Publishing, 2010.

[76] Edwin Gentzler. *Contemporary Translation Theories*[M].London: Routledge Inc.,1993.

[77] Enkvist et al. *Linguistics and Style*[M].Oxford: Oxford University Press,1964.

[78] Federici, Federico. *Translation as Stylistic Evolution: Italo Calvino Creative Translator of Raymond Queneau*[M]. Amsterdam & New York: Rodopi, 2009.

[79] Fowler, Roger. *Linguistic Criticism* [M]. 2nd Edition. Oxford: Oxford University Press, 1996.

[80] Freeman, D. C. *Linguistics and Literary Style*[M].New York:

Holt, Rinehart & Winston, Inc., 1970.

[81] Leech, Geoffrey. *Language in Literature: Style and Foregrounding*[M]. Harlow, London & New York: Longman, 2008.

[82] Leech, G. N. & Short, M. H. *Style in Fiction*[M]. London: Longman, 1981.

[83] McWhorter, J. *Doing Our Own Thing: The Degradation of Language and Music and Why We Should, Like, Care*[M]. New York: Penguin Group Inc., 2003.

[84] Munday, Jeremy. *Style and Ideology in Translation: Latin American Writing in English*[M]. London & New York: Routledge, 2008.

[85] Popovic, Anton. *Dictionary for the Analysis of Literary Translation* [Z]. Edmonton: Department of Comparative Literature, the University of Alberta, 1976.

[86] Saldanha, Gabriela. Accounting for the Exception to the Norm: A Shady of Split Infinitives in Translated English[J]. *Language Matters, Studies in the Languages of Africa*, 2004, 35 (1).

[87] Saldanha, Gabriela. Translator Style: Methodological Considerations[J]. *The Translator*, 2011, 17 (1).

[88] Sebeok, T. A. *Style in Language*[M]. Cambridge, Massachusetts: MIT Press, 1960.

[89] Turner, G. W. *Stylistics*[M]. England: Penguin Books Ltd., 1973.